Narzissen

Ulrike Romeis / Josef Bieker / Hermann Gröne

Narzissen

Leuchtende Frühlingsboten

Deutsche Verlags-Anstalt

Inhalt

Vorwort 15

Die Geschichte der Narzisse 19

Ein wenig Kultur 20

Die Pflanze 25

Narzissen und ihre Verwandten 26
Typisch Geophyt 28

Sorten und Arten im Porträt Teil 1 41

Ordnung muss sein 42
Alte Schätze 50
Trompetenlange Schönheiten 56
Von großen Kronen 60
Von kleinen Kronen 68
Gefüllt gefällt 76

Narzissen in Gärten und Parks 87

Teamplayer – mit Stauden und Gräsern 88
Gardenlover's Lieblinge 90
Für Schlossdamen und Wiesenfreunde 97

Sorten und Arten im Porträt Teil 2 103

Die Tränen der Engel 104
Alpenveilchen-Narzissen für jeden Geschmack 108
Vielblütige Duftschönheiten 114
Beliebt seit dem Altertum 118
Die Blume der Dichter 122
Die Blume mit dem Petticoat 128
Geschlitzt ist schick 132
Sehr besonders 140
Naturschönheiten – Die Wildnarzissen 142

Floristik 147

In Töpfen und Schalen 148
Vom Blumenbinden – Anna Lindner 154

Kombinationen 157

In bester Gesellschaft 158
Gut zu Tulpen und Co. 158
Kleine Zwiebeln – die Menge macht's 160

Praxis 165

Vom Pflanzen und Pflegen 166
Das Legen der Narzissen 168
Auf richtige Pflege kommt es an 170

Adressen 174

Schauen und Kaufen 174

Register der abgebildeten Narzissen 182

Vorwort

Wer in einer deutschen oder französischen Großstadt ein Interview macht und Passanten nach der Lieblings-Frühlingsblume fragt, erhält ohne Zweifel eine Antwort: die Tulpe. Ganz anders in den angelsächsischen Ländern: Hier ist die Narzisse die meist genannte Blume. Ob in London, Dublin oder Washington, die Osterglocken sind die beliebtesten Frühlingsblüher, die mit ihrem leuchtenden Gelb und reinem Weiß Farbe in den Garten und ins Zimmer bringen. Jedes Schulkind dort kennt das bezaubernde Gedicht des englischen Volksdichters William Wordsworth.

Daffodils

I wandered lonely as a Cloud
That floats on high o'er Vales and Hills,
When all at once I saw a crowd
A host of dancing Daffodils;
Along the Lake, beneath the trees,
Ten thousand dancing in the breeze.

The waves beside them danced, but they
Outdid the sparkling waves in glee: –
A poet could not but be gay
In such a laughing company:
I gaz'd – and gaz'd – but little thought
What wealth the shew to me had brought:

For oft, when on my couch I lie
In vacant or in pensive mood,
They flash upon that inward eye
Which is the bliss of solitude,
And then my heart with pleasure fills,
And dances with the Daffodils.

Narzissen

Der Wolke gleich, zog ich einher,
die einsam zieht hoch übers Land,
als unverhofft vor mir ein Meer
von goldenen Narzissen stand.
Am See, dort wo die Bäume sind,
flatterten, tanzten sie im Wind.

Ihr Tanzen übertraf sogar
des Wellentanzes Funkelschein:
In dieser ausgelass'nen Schar
muss selbst ein Dichter heiter sein!
Ich schaut' und schaute, kaum bedacht,
welch Wohl dies Schauspiel mir gebracht.

Denn oft, wenn auf der Couch ich ruh'
gedankenschwer, des Grübelns leid,
gesell'n dem Herzen sie sich zu:
dies ist das Glück der Einsamkeit.
Erfüllt von Glück mein Herz dann singt
mit den Narzissen tanzt und springt.

Die wichtigsten Züchter kommen nach wie vor aus Irland und Großbritannien. Auch in Australien und Neuseeland wird seit langer Zeit erfolgreich gezüchtet. Nationale Gesellschaften organisieren ebenso wie in den USA Ausstellungen und Preisverleihungen für neue Sorten.

Dass Narzissen wegen des lähmenden Gifts ihrer Zwiebeln eben nicht für Wühlmäuse interessant sind, ist nur ein Aspekt, der jedem Gartenbesitzer im ländlichen Raum viel Arbeit und Ärger erspart. Wie anspruchslos und dankbar Narzissen im Garten sein können, weiß jeder zu schätzen, der sich vom Gartenspaziergang im Frühjahr bunte Sträuße ins Haus holen kann. Von Jahr zu Jahr werden sie mehr, benötigen wenig Pflege und bleiben Dreiviertel des Jahres sich selbst überlassen. Narzissen zählen zu den Stauden, genauso wie Farne, Gräser und unsere Blüten- und Blattschmuckstauden.

Sie wachsen, blühen, setzen Samen an, ziehen wieder ein. Dabei sind unsere Gartennarzissen bis auf wenige Ausnahmen winterhart und können ungestört viele Jahre den Frühling einleiten.

Mit den ersten Trompetennarzissen Ende Februar beginnt ein Blütenreigen, der erst Ende Mai endet, wenn die letzten Dichternarzissen ihre offenen, weißen Schalenblüten zeigen.

Als Gartenpflanzen sind sie die Hauptverantwortlichen für einen faszinierenden Frühlingsgarten.

Einige vertragen halbschattige Bereiche und zaubern im sonnigen Randbereich von Sträuchern und Bäumen zwischen frühblühenden Bodendeckern und austreibenden Solitärstauden eine perfekte frühlingshafte Stimmung. Im Steingarten und in Trockenpflanzungen sind Wildarten gut aufgehoben, denen es im Sommer nicht heiß genug werden kann.

Die Domäne der großen hohen Gartennarzissen sind die sonnigen Bereiche des Gartens, in denen sie sich prächtig entwickeln können. Zwischen frisch austreibenden Stauden und Gräsern, vor immergrünen Gehölzen, neben dem frisch entfalteten Laub von Ahorn oder den Blüten einer Zierkirsche bringen Narzissen etwas in uns zum Klingen, das mit Lebensfreude und Naturgenuss nur unzureichend erklärt werden kann.

Vermutlich ist die Narzisse die erste Kulturpflanze der Menschheit, die nicht zur Nahrung oder Heilung eingesetzt wurde, sondern nur einem Zweck diente, die Schönheit der Natur zu preisen. Darauf deuten Funde in ägyptischen Pyramiden hin. In Byzanz und Persien sind die Blumen auf Abbildungen von Gärten zu sehen. Wer im Frühjahr die Naturstandorte von Narzissen besucht, zum Beispiel die großen Narzissenwiesen in der Eifel oder den Pyrenäen, spürt, warum das die Besucher in besonderem Masse berührt. Vielleicht suchten schon unsere Vorfahren als Jäger und Sammler nach dem Motto »wo Narzissen blühen, da lass dich nieder« solche offenen Wiesenflächen, die nah am Wasser liegen und für das Überleben der Sippe günstig waren.

Wen das gelbe Fieber, the »Yellow Fever«, wie es im englischen Sprachraum heißt, schon länger gepackt hat, wird sicher in diesem Buch Neues über die Blumen des Frühlings erfahren. Alle anderen laden wir ein, die Welt der Narzissen kennenzulernen.

Das Umschlagbild zeigt die Sorte 'Taurus', Seite 1 'Accent', Seite 6–7 von links nach rechts 'Pencrebar', 'Berlin', 'Double Fashion', 'Innovator', 'Hardy Lee', 'Queen of Bicolor', Seite 8–9 'Piper's End', Seite 10–11 'John Evelyn', 'Fantasy', 'Leonardo da Vinci', 'Ice Follies', Seite 14 'Holland Sensation'.

Narcissus 'Tête-à-Tête' am Rand der beeindruckenden Esskastanienallee im Garten Krautwig am Niederrhein.

Die Geschichte der Narzisse

Ein wenig Kultur

Ein Kranz geflochtener weißer Tazetten als Grabbeilage im Alten Ägypten gehört zu den frühesten Funden, die verraten, wie lange Narzissen schon eine Rolle im Leben der Menschen spielen. In Rom und Griechenland besangen Dichter die wilden Trompetennarzissen auf den Frühlingswiesen im Tal und die Dichternarzissen in den Bergen. Vor allem von Tazetten *(Narcissus jonquilla)*, Trompetennarzissen *(N. pseudonarcissus)* und den Dichternarzissen *(N. poeticus)* wuchsen auf dem Höhepunkt des Römischen Reichs im mittleren und südlichen Teil des Mittelmeers eine große Anzahl unterschiedlicher Arten und Hybriden, denn Narzissen hybridisieren leicht.

rechte Seite *Vorwitzig strecken weiß-gelbe Narzissen ihre Blüten über die streng geschnittene Buxeinfassung im Schlosspark Het Loo in den Niederlanden.*

Wenn zwei Arten oder mehr in der Natur am gleichen Standort zusammenkommen, entstehen neue Kreuzungen. Schon früh gab es wohlhabende Pflanzenliebhaber, die sich Exemplare in die Gärten holten und kultivierten. In diesen Gärten entstanden so durch zufällige Kreuzung neue Formen, die dann stellenweise wieder auswilderten.

In der griechischen Mythologie hat sich aus dieser Zeit eine Begebenheit erhalten, deren Bedeutung sich bis heute in Form der »krankhaften Selbstverliebtheit«, des Narzissmus gehalten hat. Die Geschichte handelt vom schönen Jüngling Narkissos, der heftig von der Wassernixe Echo begehrt wird. Weil sie nur die von ihr vernommenen Worte zurückgeben kann, kann sie ihm ihre Liebe nicht gestehen. Er verspottet sie obendrein, bis sie vor Schmerz dahinschwindet und nur noch ihre Stimme zurückbleibt. Die Götter waren so erbost, dass sie den Jüngling in eine Falle locken. Auf einer Wanderung entdeckt er an einem stillen Ort ein klares Gewässer. Von seinem eigenen Anblick verzückt, verliebt er sich über alle Maßen ich sich selbst. Von da an konnte er niemand anders begehren, seine Eigenliebe verzehrte ihn und er wurde immer schwächer, bis er starb. Als die Götter dies sahen, wollten sie ihn ehrenhaft bestatten, aber die Bahre war leer. Satt dessen fanden Sie eine gelb-weiße Blume an seiner Stelle: die Narzisse. Die moderne Adaption dieses Themas ist der Roman *Das Bildnis des Dorian Grey* des englischen Schriftstellers Oscar Wilde.

Das ist die Sage, in Wirklichkeit geht das Wort auf das Griechische »narkoa« zurück: »ich betäube, ich erstarre.« Beides passt, denn der Duft so mancher Narzissen kann betäubend sein und das Alkaloid in der Zwiebel wirkt lähmend.

Im Mittelalter waren die Pflanzen anfangs noch auf Abbildungen von Klöstergarten zu sehen und kamen in Büchern über Heilkunde vor. Ihre Wirkung wurde als reinigend und entschlackend beschrieben. Vermutlich wegen der Giftigkeit findet sich in späteren Werken nichts mehr davon. Wegen ihres großen natürlichen Verbreitungsgebietes waren vor allem im osmanischen Reich, in der heutigen Türkei, Narzissen sehr beliebt. In Büchern werden dort schon viele Hybriden und Arten aufgeführt. Man findet Darstellungen von Narzissen auf Wandfliesen und Grabsteinen aus jener Zeit. So waren auch in englischen Gärten die *daffodils* früher eingeführt als Tulpen oder Hyazinthen. Das englische *daffodil* stammt von *affodell* her, der Bezeichnung für *Asphodelus*, der Junkerlilie. Die deutsche »Osterglocke« und die englische *daffodil* werden umgangssprachlich für die Trompetennarzisse *(Narcissus pseudonarcissus)* genutzt. Tazetten wurden früher lange als persische Lilie bezeichnet. Die Narzisse ist als Landesblume im Wappen von Wales abgebildet. Eines der bekanntesten Narzissenfeste auf dem europäischen Kontinent wird alle zwei Jahre in Gérardmer, der »Perle der Vogesen« gefeiert. Beim »Fête des Jonquilles« werden Umzugswagen mit Tausenden wildwachsenden Narzissen von den umgebenden Bergwiesen sowie Moos und Flechten aus den Vogesenwäldern geschmückt. Im österreichischen Bad Aussee sind es die wilden Dichternarzissen der Umgebung, die die Motivwagen und -boote des Narzissenfestes zieren. Narzissen wurden wegen ihrer Schönheit und ihres Dufts in den Gärten kultiviert. Es waren vor allem Gelehrte, kirchliche und adelige Würdenträger oder reiche Städte, die sich den Unterhalt eines Gartens leisten konnten. Ob die heutigen Bestände von *Narcissus pseudonarcissus* in Deutschland und Mittelfrankreich bis hoch hinauf nach Schottland auf Auswilderungen von Klostergärten zurückzuführen sind, ist umstritten.

Lichter Schatten unter hoch aufgeasteten Bäumen auf frühlingsfeuchtem Boden eignet sich bestens für Verwilderung und prächtige Narzissenwiesen. Bild einer Gracht im Kasteel Arcen, Niederlande.

Die Pflanze

Narzissen und ihre Verwandten

Narzissen gehören zur Familie der Amaryllisgewächse. Sie sind also verwandt mit unserem Schneeglöckchen *(Galanthus)*, dem Märzenbecher *(Leucojum)*, aber auch mit frostempfindlichen Arten wie dem Ritterstern *(Hippeastrum)* und der Hakenlilie *(Crinum)*. Das Hauptgebiet der Verbreitung ist der mittlere und südliche Mittelmeerraum, mit dem Schwerpunkt auf der iberischen Halbinsel. Dass viele Narzissen etwas winterempfindlich sind, sieht man daran, dass bei starken Spätfrösten das austreibende Laub gelb werden kann. Das heißt aber nicht, dass die Pflanzen dann nicht mehr gedeihen. Während der Blütezeit ist dies schnell wieder vergessen.

rechte Seite Narzissen sind gesellig, ganz allein zu stehen behagt ihnen nicht. Wie Geschwister stecken diese beiden Tromptennarzissen ihre Köpfe zusammen.

Typisch Geophyt

Narzissen sind typische Geophyten (Erdpflanzen). Das sind Zwiebel- oder Knollengewächse, die eine lange Ruheperiode haben, in der sie in der Erde zurückgezogen überdauern, um dann im Frühjahr bei nachlassendem Frost auszutreiben und in kurzer Zeit den Zyklus von Wachstum, Blüte, Samenansatz und Einziehen erneut zu durchlaufen.

Im zeitigen Frühjahr ist die Konkurrenz auf wiesenartigen Flächen nicht allzu groß. So können Narzissen problemlos zwischen spätaustreibende Stauden und Gräser gepflanzt werden, die erst im Mai ihr volles Laub entwickeln.

Narzissen sind widerstandsfähig und kommen mit vielen Gartensituationen gut zurecht. Kleine frühblühende Wildnarzissen gedeihen im Steingarten und Trockengarten oder in kleinen Schalen und Töpfen. Narzissen wachsen problemlos auch in dichtem Rasen, sofern man das Laub lang genug einziehen lässt. Sie können in gepflegten Rosengärten Frühlingsstimmung verbreiten oder in modernen Gräserpflanzungen farbliche Akzente setzen, lange bevor manche Gräser ihr erstes Grün zeigen und an Höhe gewinnen.

Die Pflanzen bilden jedes Jahr Tochterzwiebeln aus, mit denen sie sich vermehren. Sie sind langlebig, anders als so manche Gartentulpen, die nur kurz Gäste in unseren Gärten sind. Im Gegenteil, wenn die Bestände nach mehreren Jahren dicht bei dicht stehen, ist es nötig, die Pflanzen aufzunehmen und auszudünnen. Die stärksten Zwiebeln werden zurückgelegt und die Schwächeren können an eine andere Stelle gelegt oder verschenkt werden.

Die lange Geschichte ihrer Kultivierung hat dazu geführt, dass neben den Naturhybriden auch in den Gärten durch Mutation neue Kreuzungen entstanden sind und von dort aus wieder verwilderten. Dies ist, neben der aktiven Züchtung, der Grund dafür, dass uns heute eine so große Anzahl an Arten und Sorten zur Verfügung steht.

links *Die frühblühende, niedrige Trompetennarzisse 'Topolino' eignet sich gut für den vorderen Rand eines Beetes oder zwischen spätaustreibenden Stauden und Gräsern.*
rechte Seite *Narzissenpflanzung am Gehölzrand, Keukenhof, Niederlande.*

Blüte

Der Botaniker Carl von Linné wählte ja bekanntlich den Bau der Blüte als Unterscheidungsmerkmal für die verschiedenen Gattungen. So findet sich auch bei der Narzisse ein gemeinsamer Aufbau der Blüte, auch wenn die einzelne Ausprägung doch sehr verschieden ist. Allen gemeinsam ist die Unterteilung in eine Hauptkrone, die »Corolla«, und eine Nebenkrone, die »Paracorolla«. Die Hauptkrone, auch »Perigon« oder »Perianth« genannt, hat immer sechs Blütenblätter, die spitz zulaufend, mehr oder weniger überlappend oder sternförmig ausgebildet sein können. Beliebt sind Hauptkronblätter von wachsartiger, fester Substanz, aber auch dünnhäutige, papierene, fast durchscheinende Hauptkronblätter haben ihren ganz besonderen Reiz. Bei den modernen Narzissen stehen sie rechtwinklig zur mittigen Nebenkrone, wodurch man ihr Farb- und Formenspiel besser betrachten kann.

Bei einigen Wildnarzissen können die Perigonblätter auch nach hinten geklappt sein. Das ist bei den Alpenveilchen-Narzissen und bei den Triandrus-, den Engelstränen-Narzissen, der Fall. Bei manchen Wildformen der Trompetennarzissen neigen sich die Blütenblätter auch nach vorne.

Die Nebenkrone, auch »Korona« genannt, ist eine verlängerte Kronröhre und rund um die Samenanlage angeordnet. Die Nebenkrone kann schalen- oder becherförmig und klein sein wie bei den Dichternarzissen oder länger als die Hauptkrone und wie eine Trompete aus der Blüte herausragen. Zwischen diesen beiden Extremen stehen die Groß- und Kleinkronigen. Die Länge der Nebenkrone im

rechte Seite Üppige Pflanzbänder von Narzissen schmücken die Beete am Brunnenplatz im niederländischen Keukenhof. Im Vordergrund die Split-Corona-Narzisse 'Delta'.
unten Der wildhafte, wiesenartige Eindruck ist wohl überlegt. Gut geplant ist die Kombination aus weißen, gelbweißen Narzissen und gelben Tulpen am Küchengarten von Schloss Ippenburg in Bad Essen. Hier eröffnet das »Narzissenfest« seit vielen Jahren die Gartenfestival-Saison.

Verhältnis zur Hauptkrone dient dazu, Ordnung in die schier unübersehbare Vielfalt der Arten und Sorten zu bringen. Der Rand der Nebenkrone kann glatt, gekräuselt, gerüscht oder gewellt sein. Sie ist bei manchen Sorten flach ausgebreitet und liegt dann der Hauptkrone fast auf. Moderne Split-Corona Narzissen zeichnen sich durch geteilte und tief eingeschnittene Nebenkronen aus, daher der Name. Ganz anders sehen die Reifrocknarzissen *(Narcissus bulbocodium)* aus. Hier ist die Nebenkrone dominant, die Hauptkrone zurückgebildet und klein. Die Nebenkrone bildet an ihrer Basis intensiv riechende Duftstoffe, weshalb sie auch als Duftmal bezeichnet wird. Das lockt natürlich potentielle Bestäuber an und ist ein Grund für die Popularität dieser Narzissen – nicht nur bei den Menschen.

Narzissen haben immer einen unterständigen Fruchtknoten und tragen 6 Staubblätter, die meist nicht aus der Blüte herausragen. Sie können gleich oder unterschiedlich lang sein und umstehen den Griffel. Im Knospenstadium ist die Blüte von einem Hüllblatt umgeben, das mit dem Blütenwachstum aufplatzt und nach unten wegklappt. In diesem »Gänsehalsstadium« werden Narzissen auch in den Blumengeschäften angeboten, und man kann sicher sein, lange Zeit Freude an den Blumen in der Vase zu haben.

Die meisten Narzissen tragen eine Blüte pro Stengel. Zu den mehrblütigen Narzissen zählen die eleganten Engelstränen, die duftenden Jonquillen, die nicht winterharten Tazetten und deren Kreuzungen mit Dichternarzissen, die Poetaz-Hybriden.

Farbe

Blau und Violett fehlen völlig im Farbenspiel der Narzissen, aber natürlich sind alle Abstufungen der Farbe Gelb, von kräftigem Goldgelb, bis zu leuchtendem Zitronengelb und blassen grünlichgelben Tönen vertreten. Dasselbe gilt für die weiße Farbe, vom reinen Weiß bis Cremefarben sind viele Tönungen zu finden. Kräftiges Rot findet sich am Rand der Nebenkrone bei den Dichternarzissen. Von Kreuzungen mit diesen stammen die rosa Nebenkronen vieler Groß- und Kleinkroniger Narzissen. Eigentlich müsste man von Apricot oder Pfirsichfarben sprechen, denn kräftiges dunkles Rosa ist nach wie vor sehr selten. Die Mischung aus Gelb und Rot ergibt Orange. Auch diese Farbe ist bei vielen Sorten zu finden. Der letzte Schrei sind Sorten, die dem Erfolg der Viridiflora-Tulpen nacheifern möchten. Denn auch Grün taucht im Farbspektrum der Narzissen auf, sei es im Auge der Dichternarzisse oder an der Basis von Haupt- und Nebenkrone mancher Wildnarzisse.

Blütezeiten

Auch die Blütezeiten variieren stark. Eine der ersten Trompetennarzissen ist 'Rijnvelds Early Sensation', die 6 Wochen vor allen anderen Trompetennarzissen ihre Blüten öffnet. Die beliebte Narzissensorte 'Tête à Tête' ist eine der ersten Blüten in unseren Gärten und den Blumengeschäften. Zur Vorosterzeit, die der Trompetennarzisse ihren deutschen Namen »Osterglocke« gab, ist die Hauptblütezeit der Narzissen erreicht. Je nach der Wetterentwicklung im Winter und Spätwinter und der geografischen Lage blühen die Klein- und Großkronigen,

Auf der Insel Mainau schmücken Tuffs von weißen und gelben Narzissen die Stufen einer Treppenanlage mit Wasserrinne. Immergrüne zu beiden Seiten begleiten die lebhaften Frühlingsblumen auf ihrem Weg zum Fuß der Treppe.

die Gefüllten und weitere Gartennarzissen von Mitte März bis Ende April. Dank der Sortenvielfalt ist in den Katalogen der Blumenzwiebelhändler eine Einteilung in früh-, mittel und spätblühende Sorten möglich.

Ab Anfang Mai tritt eine weitere Art auf den Plan, deren Blut in vielen modernen Züchtungen steckt. Die Dichternarzissen mit ihrem kleinen, rot gerandeten Auge und den weißen Schalenblüten sind dann zu bewundern. Zu den letztblühenden

Arten gehört bei uns das Fasanen- oder Pfauenauge (*N. poeticus* var. *recurvus*), im Holländischen »Fasenoug« genannt. Sie hat ähnlich wie die Alpenveilchen-Narzissen eine weit zurückgeschlagene Corolla und blüht in unseren Gärten Ende Mai, auf den Naturstandorten in den Pyrenäen noch später.

Laub

Gleichzeitig mit dem Laub schiebt sich am Ende des Winters der Blütenstiel samt Knospenanlage aus dem Boden. Die Gärtner nennen das »spitzen«. Die dunkelgrünen Blätter sind hart und an der Spitze etwas verdickt. So können sie im Frühjahr sogar durch harte, gefrorene Böden stoßen. Der Blütenstiel ist meist von zwei, maximal vier graugrünen bis hell-gelben, meist flachen, etwas gekielten Laubblättern umfasst, die so für Stabilität sorgen. Zusätzlich stützen zwei Scheidenblätter direkt an der Zwiebel das Laub und halten es zusammen. Nur wenige Gartensorten neigen zum Umfallen; dies ist ein Nachteil bei manchen Sorten der gefüllten Narzissen oder solchen mit besonders großen Blüten.

Nach der Blüte wächst das Laub noch weiter und kann so einen kräftigen Laubbusch formen. Jede Medaille hat ihre zwei Seiten, bei den Narzissen ist es das Laub. Denn natürlich muss wie bei allen Zwiebelgewächsen das Laub nach der Blüte wieder

Tulpen und Narzissen, Kaiserkronen und Fritillarien schmücken in Kombination mit frühblühenden Sommerblumen die Parterrebeete am Schloss Schwetzingen.

Narzissen und ihre Verwandten

einziehen, gelb werden, um so die Zwiebeln zu kräftigen, Reservestoffe einzulagern und Tochterzwiebeln zu bilden. Wird das Laub zu früh abgeschnitten, schwächt das die Pflanze massiv und es kann sich keine vollständige Blütenanlage ausbilden. Solche Exemplare schieben im Folgejahr dann oft nur schwache Blätter ohne Blütenstiel aus dem Boden.

Allgemein gilt, dass frühstens sechs Wochen nach der Blüte das Laub entfernt werden kann. Ein weiteres Maß für die Ungeduldigen wäre, dass das Laub zu mindesten zwei Drittel gelb geworden ist.

Bei frühen Sorten mancher Wildarten, die schon im Februar und Anfang März blühen, kann ab Mitte Mai das gelb und trocken gewordene Laub weggenommen werden.

Bei späten Sorten wie den Dichternarzissen kann das Einziehen bis Mitte Juli dauern.

Umso wichtiger ist die Überlegung, in welchen Bereichen des Gartens das Laub weniger auffällt und ob es von Vorteil sein kann, die hohen Gartennarzissen in den Hintergrund eines Beets zu platzieren, wo das Laub optisch weniger stört.

Zwiebel

Die Zwiebel ähnelt stark unserer Küchenzwiebel. Also bitte keine Sommerlager für ihre Lieblinge im Lebensmittelvorrat anlegen. Die Zwiebelschalen sollen fest und saftig ein. Die pergamentartigen Zwiebelhüllen schützen die Pflanzen vor Austrocknung und Pilzbefall. Am kreisförmigen Zwiebelboden entspringen die Wurzeln, die bis 30 Zentimeter lang werden und beim Einziehen absterben. Der Zwiebelboden ist für Narzissenzwiebeln das wichtigste Organ. Ist er gesund, können sich immer neue Wachstumsknospen und Schalen entwickeln.

Im Unterschied zu Tulpen und Hyazinthen bilden Narzissen die neue Blüte während des Einziehens ab Mai. Zu Beginn der sommerlichen Ruhephase ist die Blüte für das kommende Jahr schon im Inneren der schützenden Schalenhülle vorhanden.

Herkunft und natürliches Vorkommen

Heutzutage ist die englische RHS, die Royal Horticultural Society in Wisley, die Registrierungsstelle für neue Narzissensorten. Bis zu 40 000 Arten und Sorten sind dort registriert. Die Zahl ist beeindruckend und deutet darauf hin, wie lange Narzissen in Kultur sind und sich in der Natur ausbreiten konnten. Die iberische Halbinsel kann als Ausgangspunkt unserer heutigen Narzissenarten gelten. Von hier kommen unsere Trompetennarzissen *(N. pseudonarcissus)* und ihre Spielarten. Im Laufe vieler Jahrhunderte haben sie sich weiter nach Osten bewegt. Die Vorkommen in der Eifel sind natürlichen Ursprungs. Lokale Fundorte in Deutschland, Frankreich, Holland und England sind wohl Auswilderungen aus Klostergärten oder Schlossanlagen.

In den Südstaaten der USA sind Jonquillen verwildert. Blühende Wiesen sind dort im Frühling ein alltäglicher Anblick.

Die Kanalinsel Guernsey ist ein Beispiel für das Potenzial der Narzissen zur Verwilderung. Ob an der Küste, auf Wiesen oder am Gehölzrand – überall auf Guernsey wachsen im Frühling wilde Narzissen, die vor Jahrhunderten aus den Gärten der Pflanzenliebhaber auswilderten.

Tazetten und Reifrocknarzissen und einige andere Arten haben auch die Meerenge von Gibraltar übersprungen und wandern nun entlang des östlichen Mittelmeers an den Küsten und Bergen von Marokko und Algerien. Auf den kanarischen Inseln kommen die südlichsten Fundorte wilder Narzissen vor.

Die Dichternarzissen haben ihren Ursprung im nördlichen Spanien. Sie kommen in der Regel in höheren Lagen auf Bergwiesen vor und vertragen auch trockenere Standorte. Von den Pyrenäen bis zu den Alpen, entlang der Küsten der Balkanländer bis Griechenland reicht ihr Vorkommen.

Noch weiter westlich in Portugal haben die Tazetten ihren Ursprung. Sie waren im Osmanischen Reich sehr beliebt. Im 16. Jahrhundert lebte der Gelehrte Carolus Clusius, der den kaiserlichen Garten in Wien und später den Lehrgarten im niederländischen Leiden leitete. Er kaufte Tazetten am osmanischen Hof, in Spanien und Italien und legte so den Grundstock für die Tazettenproduktion der Niederlande.

In seinem Auftrag reisten Botaniker in die Pyrenäen und brachten neue Arten nach Leiden.

So wie englische »planthunter«-Expeditionen am Ende des 19. Jahrhunderts in China und Japan nach neuen Pflanzen jagten, reisen bis heute Sammler und Blumenzwiebelfirmen in entlegene Täler in Nordafrika, um neue Arten zu finden.

Manche Wildarten haben nur ein sehr kleines Verbreitungsgebiet und sind in der Natur selten und besonders geschützt. Andere Wildnarzissen wie die eher unscheinbare *N. elegans* sind fast überall entlang des Mittelmeers verbreitet.

Auch wenn die Vorfahren unserer Gartennarzissen von feuchten Bergwiesen kommen und frische Böden und Nährstoffreichtum während des Wachstums lieben, können Narzissen auch gut auf leichten, sandigen Böden gedeihen. Das beweist die niederländische Blumenindustrie seit vielen Jahren. Auf Sandböden, die mit Rinderdung verbessert sind, wachsen im Flevoland, dem Zentrum des Zwiebelanbaus der Niederlande, die Narzissen für den weltweiten Export. Das lässt sich auf unsere Gartenböden übertragen. Kompost verbessert die Wasserhaltefähigkeit leichter Böden, erhöht den Nährstoffgehalt und sorgt durch den hohen Humusgehalt für einen ausreichend vorbereiteten Boden, den Narzissen zum guten Gedeihen benötigen.

rechts Leuchtende Farbbänder aus Narzissen ergänzen moderne Materialien und strenge Linienführung auf der Floriade 2012 in Venlo, Niederlande.
Seite 38/39 Unter einer alten Mispel (Mespilus germanica) blühen im März lockere Gruppen und kleine Tuffs von Alpenveilchen-Narzissen 'February Gold' zwischen blauen Scilla bifolia.

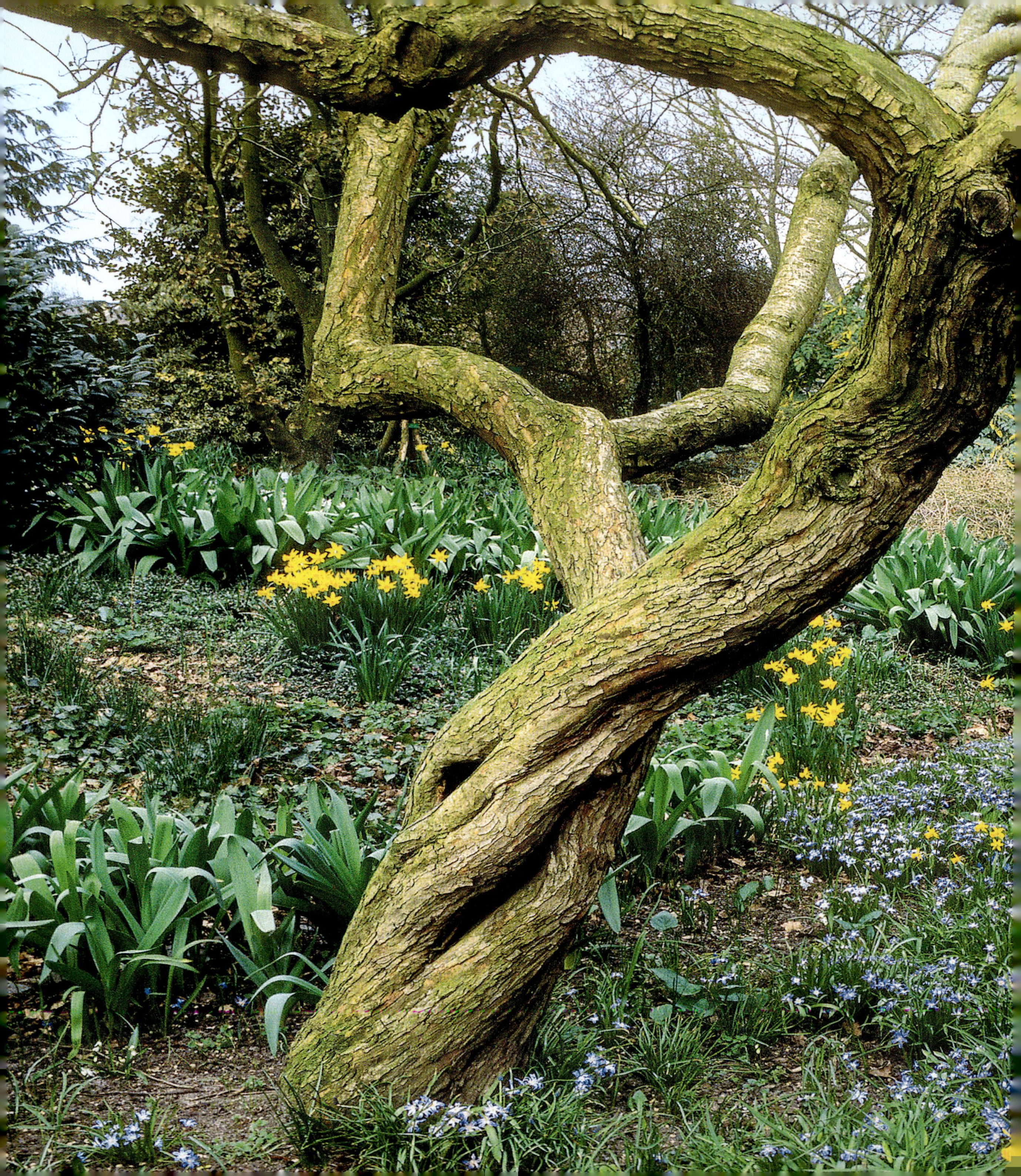

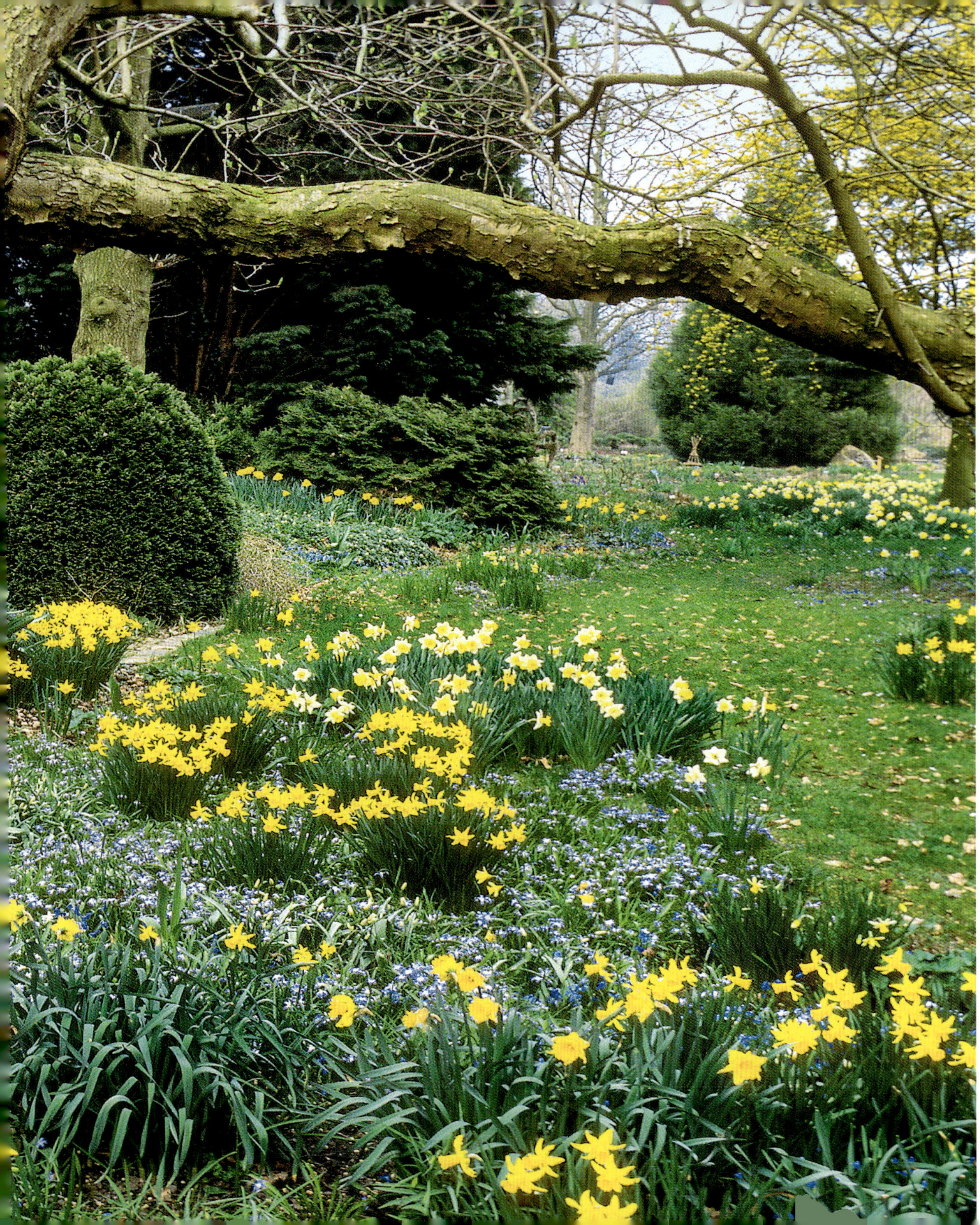

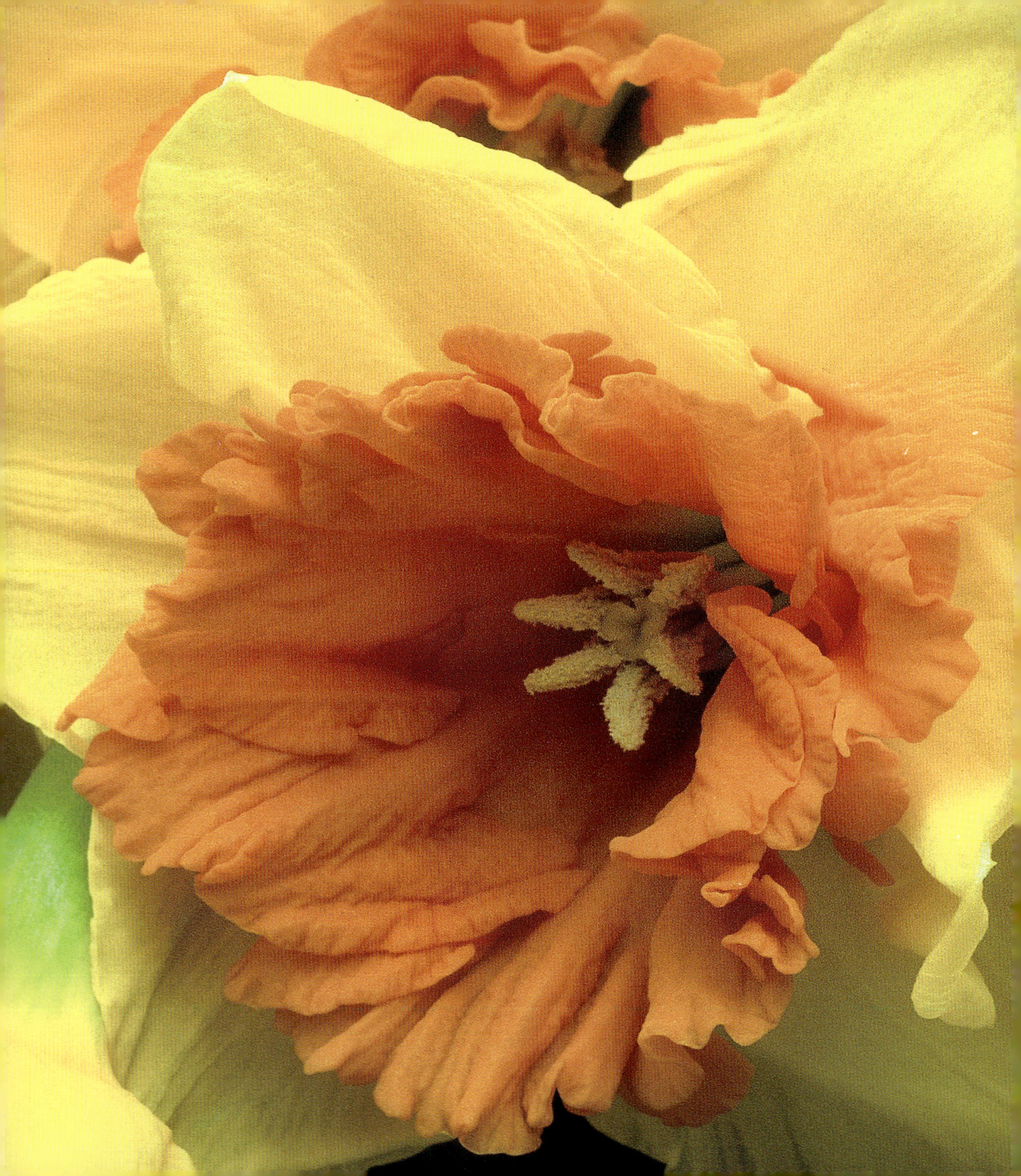

Sorten und Arten im Porträt Teil 1

Ordnung muss sein

Jedes Jahr treffen sich in England, Irland und Australien, in den USA und Neuseeland Züchter, Liebhaber und Experten, um die neuesten Sorten anzusehen und zu begutachten. »Das gelbe Fieber« hat dazu geführt, dass in der internationalen Registrierungsstelle für Narzissen bei der englischen Royal Horticultural Society (RHS) die sagenhafte Zahl von 40 000 verschiedenen Narzissensorten registriert ist. Natürlich ist nur eine kleine Zahl davon weit verbreitet. In den Katalogen sind weltweit etwa 2000 Sorten zu bekommen. Und die Auswahl an Sorten, die in den Anbaugebieten der Niederländer in großen Mengen produziert werden, ist noch viel geringer. Der aktuelle Katalog der Firma Horst Gewiehs Blumenzwiebelhandel, Wehretal, enthält etwa 140 verschiedene Arten, Sorten und Hybriden.

rechte Seite *Gelungene Topfkultur an den Arkaden am Schloss Ippenburg:* Narcissus *'Apotheose', 'Ballade', 'Flyer', 'Replete'.*

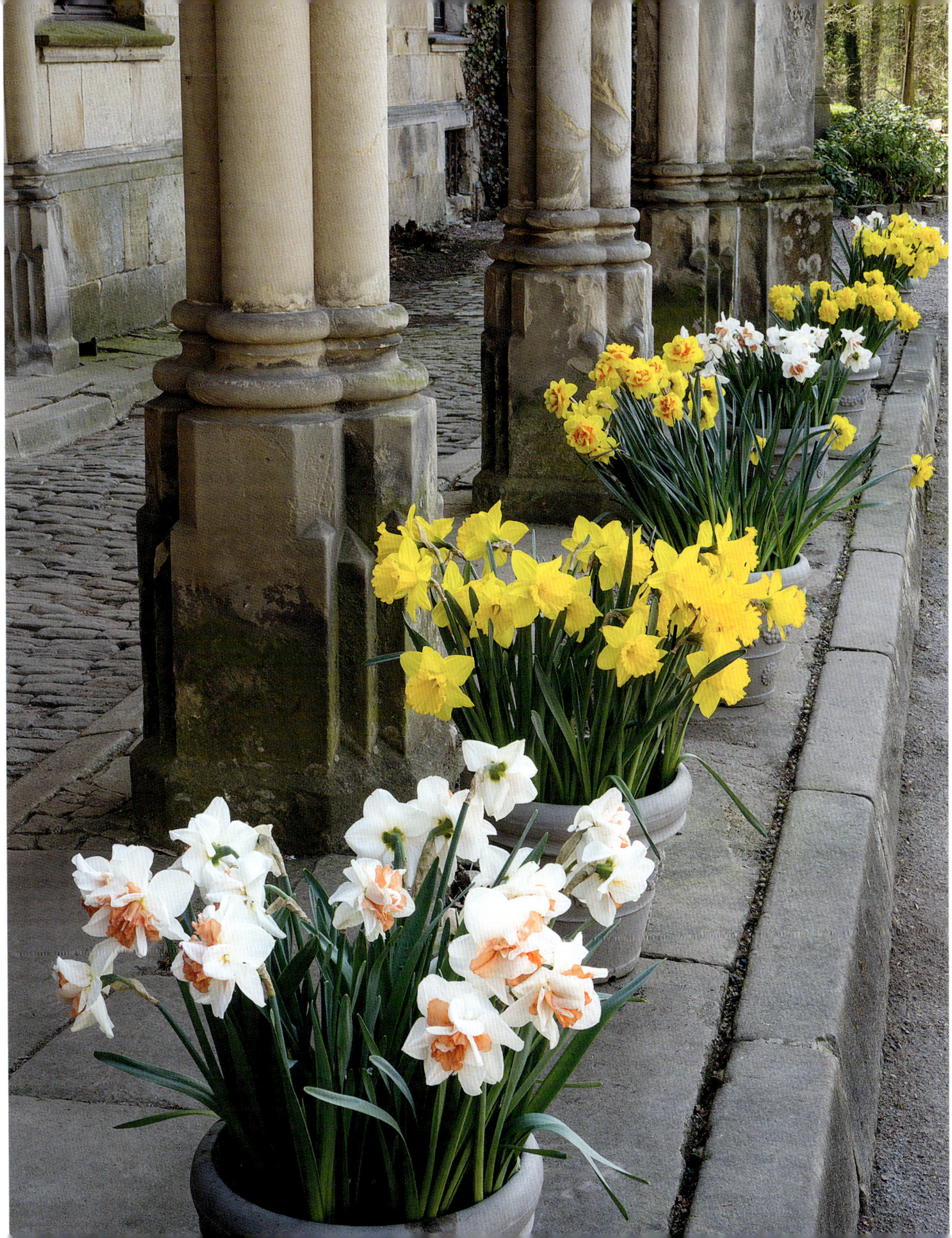

Bemühungen, Klarheit in die Vielzahl der Arten und Naturhybriden zu bringen, gab es im Laufe der Zeiten viele. Der schon erwähnte Carolus Clusius (1526–1609) unterschied 1601 in seinem Werk *Rariorum plantarum historia...* die Narzissen nach breiten und schmalen Blättern. Der Engländer John Parkinson beschrieb in einem 1629 veröffentlichten Buch 96 verschiedene Narzissen im Detail. Er war es auch, der eine Unterscheidung nach Blütenmerkmalen vorschlug, die bis heute benutzt wird.

Ohne die Einteilung der Narzissen in Klassen wäre der Überblick dieser Menge ganz unmöglich. Der Blütenaufbau der Narzisse mit der eindeutigen Einteilung in Haupt- und Nebenkrone dient dazu zu entscheiden, in welche Klasse eine Narzissensorte gehört. Bei den Wildarten sind die Arten und artverwandten Narzissen in Sektionen unterteilt.

1966 wurde eine Einteilung durch Frederick Meyer vorgenommen, der bis heute viele deutsche Gärtnereien folgen. In England und in wissenschaftlichen Kreisen wurde dagegen lange Zeit der 1968 veröffentlichen Einteilung von Abilio Fernandes gefolgt. 1990 erfolgte eine neue Klassifikation durch John W. Blanchard, bei der auch Varietäten und Subspezies berücksichtigt werden.

Bei den ersten vier Klassen (Divisionen), den Trompeten-, den Klein- und Großkronigen Narzissen und den Gefüllten Narzissen spricht man von hohen Gartennarzissen, die eine besonders prächtige Einzelblüte auf einem Stiel tragen. Als Vasenschmuck in der Floristik sind diese oft prächtigen Blumen sehr beliebt. Dazu zählt auch die Klasse 11 der Splitkorona-Narzissen. Diese werden seit neuestem in Kragen-Narzissen 11a und Schmetterlings-Narzissen 11 b unterteilt.

Die Wildnarzissen und deren Sorten sind in den Klassen 5–13 zusammengeführt. Die Klassen 5–9 umfassen die Engelstränen- und Alpenveilchen-Narzissen, die Jonquillen, Tazetten und Dichternarzissen. Die Reifrocknarzissen (*Narcissus bulbocodium*) sind nun der Klasse 10 zugeordnet. Es gibt auch Sorten, die keiner der anderen Klassen zugeordnet werden können. Diese Klasse ist daher in Blütenform und Blütezeit uneinheitlich. Sie sind in der Klasse 12 untergebracht. Die Klasse 13 umfasst die Wildarten und die in der Natur vorkommenden Naturhybriden.

In den Katalogen der Züchter, in Büchern und Listen sind die Sorten neben der Klasseneinteilung per Ziffer meist mit einem Farbcode versehen, der auf einen Blick verrät, wie sich die Sorte farblich auszeichnet. Die Kleinbuchstaben, stehen für die vorkommenden Farben Weiß – w *(white)*, Gelb – y *(yellow)*, Rosa – p *(pink)*, Orange – o *(orange)*, Grün – g *(green)* und Rot – r *(red)*. Zuerst wird die Hauptkrone und anschließend, mit Bindestrich getrennt, die Nebenkrone beschrieben. Wechselt die Farbe vom Inneren zum Rand hin werden die Farben immer von Innen nach Außen angegeben. Zum Beispiel ist eine weiße Trompetennarzisse mit gelber Nebenkrone und rotem Rand 1 w-yr. Wenn die Farbe in der Mitte der Nebenkrone vom inneren und äußeren Teil abweicht, kann diese auch aufgeführt sein. Zum Beispiel trägt die bekannte Dichternarzisse 'Actaea' die Bezeichnung 9 w-gyr.

rechte Seite *Frühlingshafte Stimmung verbreiten gelbe* Narcissus *'Dutch Master' (Trompetennarzisse), weißliche* Narcissus *'Ice Follies' (Großkronige Narzisse) am Fuß des Baums und* Narcissus *'Little Gem' (Trompetennarzisse) im Zinkkasten vor dem Fenster.*

Anmerkungen zu den Sortenbeschreibungen aller Klassen

AMG = Award of Garden Merit, ein Preis, der für hervorragende Gartensorten von der Royal Horticultural Society (RHS) vergeben wird. Verfügbarkeit, Gesundheit und Pflegeleichtigkeit fließen in die Bewertung ein.
Sunproof bedeutet, dass die Rot- und Orangefärbung auch bei direkter Sonneneinstrahlung nicht ausbleicht.
Hk. steht für die Hauptkrone, Nk. für die Nebenkrone.

Wenn keine Höhen in Zentimeter und keine Blütezeit nach Monaten angegeben sind, gilt Folgendes:

Blütezeit

Früh = Februar bis 1. Märzhälfte
Mittel = 2. Märzhälfte bis 1. Aprilhälfte
Spät = 2. Aprilhälfte bis 1. Maihälfte und länger
Die Angaben gelten für Mitteleuropa bei normalem Witterungsverlauf

Wuchshöhe

Niedrige Sorte (inkl. Miniaturnarzissen)
= 15 cm–32,5 cm
mittelhohe Sorte = 32,5–40 cm
hohe Sorte = über 40 cm
Die Wuchshöhen können je nach Bodenverhältnissen und geografischer Lage abweichen.

Die folgende Doppelseite (48/49) zeigt bewährte Narzissen aus verschiedenen Klassen mit ihrem charakteristischen Blütenbau. Im Kreislehrgarten Steinfurt werden beim Narzissenfest auf der Narzissengala in der Birnenallee bekannte und neue Sorten auf hohen Stelen in Augenhöhe präsentiert.

Symbolerklärung
- 🕑 Blütezeit
- ✺ Blütenfarbe
- ↕ Höhe / Blütendurchmesser
- ✍ Bemerkung
- ✎ Jahr der Einführung / Züchter

① *Narcissus* 'Mount Hood' (Trompetenarzissen, Kl. 1)
- 🕑 Mittel
- ✺ Erblüht cremefarben, später weiß, w-w
- ↕ Hohe Sorte / 10 cm
- ✍ Deutlich überlappende ovale Hauptkronblätter, großblumige Sorte mit cremegelbem Schlund
- ✎ Vor 1938 / P. van Deursen

② *Narcissus* 'Las Vegas' (Trompetenarzissen, Kl.1)
- 🕑 Mittel
- ✺ Elfenbeinweiße Hk., zitronengelbe Nk., w-y
- ↕ Hohe Sorte / –
- ✍ Neuere Sorte in schöner Farbkombination mit gefranstem Trompetenrand
- ✎ 1981 / D. van Buggenum

③ *Narcissus* 'Aberfoyle' (Großkronige, Kl. 2)
- 🕑 Früh bis mittel
- ✺ Reingelbe Hk., Nk. hellgelb mit orangem Rand, y-yoo
- ↕ Mittelhohe Sorte / 10 cm
- ✍ AGM 2001 / rundliche Krone mit weiter Überlappung, tassenförmige Nk. mit gekerbtem Rand
- ✎ 1994 / John S.B. Lea

④ *Narcissus* 'Sabine Hay' (Kleinkronige, Kl. 3)
- 🕑 Mittel
- ✺ Hellorange Hk. und rotorange Nk., o-r
- ↕ Mittelhohe Sorte / 9 cm
- ✍ Weit überlappende, rundliche Hk. scheibenförmige, glatte Nk. mit gekräuseltem Rand
- ✎ 1970 / Dennis B. Milne

⑤ *Narcissus* 'Replete' (Gefüllte, Kl. 4)
- 🕑 Mittel
- ✺ Hk. und Hk.-Segmente weiß, Nk. rosa und apricot, w-p
- ↕ Mittelhohe Sorte / 10 cm
- ✍ Elegante Sorte mit gut gefüllter Blume, innere Blütenblätter halb so lang wie äußere
- ✎ 1975 / Murray Evans

⑥ *Narcissus* 'Hawera' (Engelstränen-Narzisse, Kl. 5)
- 🕑 Spät
- ✺ Kanariengelbe Hk., Nk. etwas heller, y-y
- ↕ Niedrige Miniatursorte / –
- ✍ Sternförmige Hk. mit weit zurückgeschlagenen Blütenblättern, becherförmige, glattrandige Nk., großblumig
- ✎ Vor 1928 / Dr. William M. Thomson

⑦ *Narcissus* 'Jack Snipe' (Alpenveilchen-Narzisse, Kl. 6)
- 🕑 Früh
- ✺ Weiße Hk. an der Basis gelb überhaucht, Nk. leuchtend gelb, w-y
- ↕ Niedrige Sorte / 7 cm
- ✍ Vielblütige Sorte mit leicht zurückgebogenen Blütenblättern, Nk. zylindrisch, nur wenig aufgebogen
- ✎ Vor 1951 / Michael Percival Williams

⑧ *Narcissus* 'Quail' (Jonquilla, Kl. 7)
- 🕑 Mittel
- ✺ Goldgelb, Nk. etwas dunkler im Ton, y-y
- ↕ Mittelhohe Sorte / Einzelblüte 6 cm
- ✍ 2–3 Blüten pro Stiel, wohlproportionierte Jonquille mit angenehmem Duft
- ✎ 1974 / Grant E. Mitsch

⑨ *Narcissus* 'Grand Soleil d'Or' (Tazetten, Kl. 8)
- 🕐 Sehr früh
- ❋ Gelbe Hk. mit hellorangefarbener Nk., y-o
- ↑ Hohe Sorte / Einzelblüte 4 cm
- 🌿 Duftende Tazette mit 10–20 Einzelblüten pro Stiel, historische Sorte
- ✍ Vor 1770 in den Niederlanden entstanden

⑩ *Narcissus* 'Milan' (Dichternarzissen, Kl. 9)
- 🕐 Spät
- ❋ Weiß mit leuchtend gelber Nk. grünes Auge und rotorange am Rand, w-gyr
- ↑ Hohe Sorte / gut 8 cm breit
- 🌿 Sehr breite Blütenblätter, abgerundet und etwas uneben, manchmal entlang der Mittelrippe gefaltet; fast scheibenförmige Nk., dicht gerippt und wellenförmig, rot gefärbter Rand, scharf abgesetzt
- ✍ Vor 1932 / A. M. Wilson

⑪ *Narcissus* 'Golden Bells' (Reifrocknarzissen, Kl. 10)
- 🕐 Spät
- ❋ Dunkelgelb, y-y
- ↑ Niedrige, 25 cm hohe Auslese (Miniaturnarzisse) / großblumig
- 🌿 5–10 und mehr nach oben gerichtete Blüten pro Zwiebel, kleine Hk.-Blätter alleinstehend und schmal, etwas eingedreht; sehr große trichterförmige Nk., leicht gewellt, mit glattem Rand
- ✍ 1995 / Tesselaar Group (Australien)

⑫ *Narcissus* 'Parisienne' (Split Corona, Kl. 11)
- 🕐 Mittel bis spät
- ❋ Rahmweißer Kranz mit oranger Nk., w-o
- ↑ Hohe Sorte / 10 cm
- 🌿 Hk. dicht überlappend mit etwas unregelmäßigem Rand, Nk. aufliegend, tief eingeschnitten mit gewelltem Rand
- ✍ 1961 / J. Gerritsen

⑬ *Narcissus* 'Tête-à-Tête' (Sonstige, Kl. 12)
- 🕐 Sehr früh
- ❋ Dunkelgelbe Trompete mit hellerem Blütenkranz
- ↑ Miniaturnarzisse, 15 cm hoch / –
- 🌿 Beliebte, leider frostempfindliche Narzisse mit mehreren Blüten pro Stiel, in Gärten oft die erste Narzisse; sehr gut zur Topfkultur geeignet
- ✍ Vor 1949 / Alec Gray

Ordnung muss sein

48

Sorten und Arten im Porträt Teil 1

Ordnung muss sein

Alte Schätze

Neben der wissenschaftlichen Einteilung in Klassen sind weitere Einteilungen für Narzissen möglich. Als »Miniaturnarzissen« sind zum Beispiel Sorten zusammen gefasst, die nur 25 Zentimeter oder weniger hoch werden.

Der Hortus Bulborum im niederländischen Limmen bei Alkmaar ist der einzige Blumenzwiebelgarten der Welt, in dem gut 4000 verschiedene Sorten Tulpen, Narzissen, Hyazinthen und andere, meist sogenannte »Historische Blumenzwiebeln« blühen.

In diesem Garten werden alte Zwiebelgewächse, die für den Handel kommerziell kaum noch interessant sind, aufgepflanzt und vermehrt, darunter ungefähr 1100 historische Narzissensorten. Sie stammen meist aus der Zeit von vor 1900 und werden für zukünftige Generationen bewahrt. Viele sind nur noch in solchen historischen Sammlungen zu bewundern. Zu den ersten gezüchteten Narzissen gehört 'Dubbele Kampernelle', auch 'Albus Plenus Odoratus', genannt, die schon seit 1601 bekannt ist.

Narcissus 'Butter and Eggs' (Kl. 4)
- Sehr früh
- Blütenblätter und innere Segmente buttergelb, zur Basis hin dunkler, Nk. hell gelborange, y-o
- Mittelhohe Sorte / –
- Alte gefüllt blühende Sorte, HK.-Blätter und Segmente gedreht und breit oval, gut zur Verwilderung, Synonym: 'Auirantus Plenus'
- Vor 1777 / unbekannt

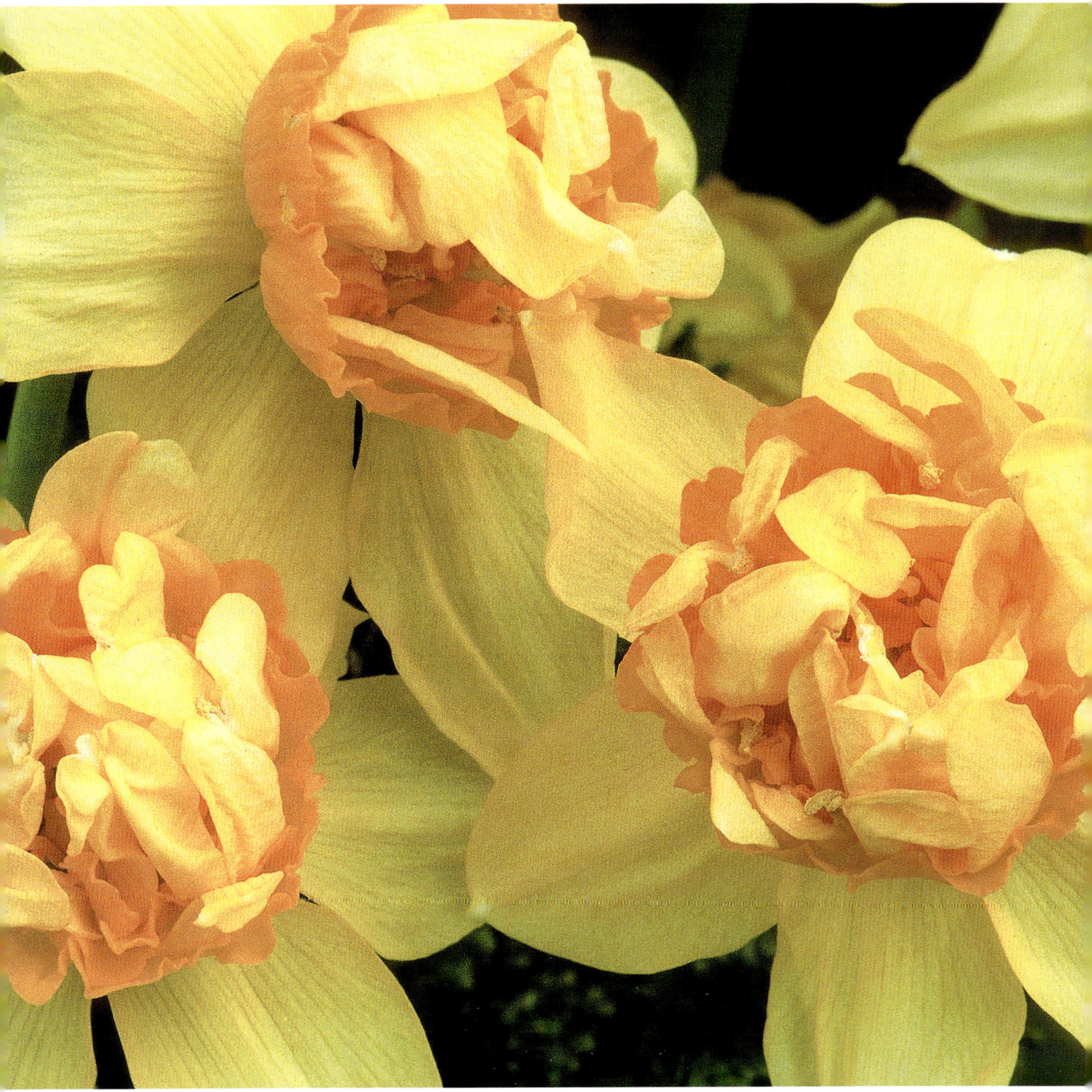

① **Narcissus 'W. P. Milner' (Kl. 1)**
- 🕐 Früh
- ❋ Öffnet hell schwefelgelb, später cremeweiß, w-w
- ↑ Miniaturnarzisse / 6 cm
- ✥ Nickende Blüten mit nicht überlappenden, leicht verdrehten Blütenblättern, Nk. zylindrisch, Rand wenig aufgebogen und gebuchtet; gut in Töpfen und Schalen oder am vorderen Beetrand, verwildert
- ✎ Vor 1869 / eingeführt von W. Backhouse

② **Narcissus 'Avalanche' (Kl. 8)**
- 🕐 Früh bis mittel
- ❋ Reinweiße Hk.- und hellgelbe Nk., w-y
- ↑ Hohe Sorte / Einzelblüte 3,5 cm
- ✥ Mehrblütige, stark duftende Tazette mit kräftigen Stielen
- ✎ Gefunden auf den Scilly-Inseln

③ **Narcissus 'Thalia' (Kl. 5)**
- 🕐 Mittel bis spät
- ❋ Reinweiß, w-w
- ↑ Mittelhohe Sorte / –
- ✥ Elegante Kreuzung aus einer Engelsträneh- und weißen Großkronigen Narzisse, 3–4 hängende Blüten pro Stiel, duftend, verträgt Halbschatten
- ✎ Vor 1916 registriert / van Waveren

④ **Narcissus 'Conspicuus' (Kl. 3)**
- 🕐 Mittel
- ❋ Hk. öffnet gelb und wechselt über schwefelgelb zu weißlich mit schwefelgelbem Randbereich, Nk. gelb mit orangem Rand, y-yyo
- ↑ Niedrige Sorte / –
- ✥ Sternförmige Anordnung der Blütenblätter, zu ¼ überlappend, Nk. tassenförmig, stark gerippt
- ✎ Vor 1969 / William Backhouse

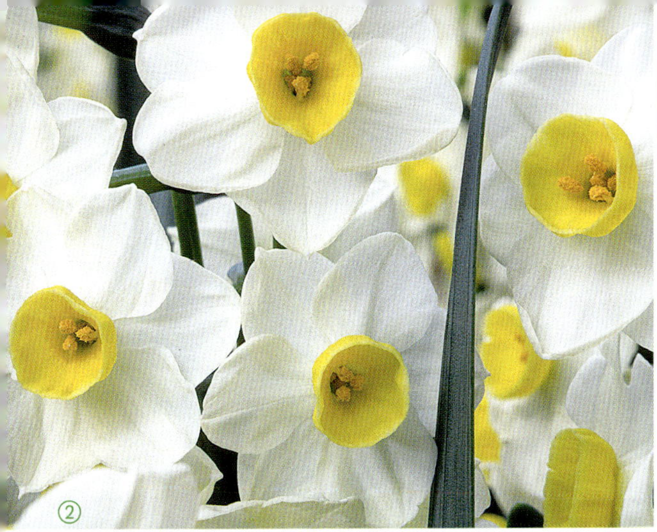
②

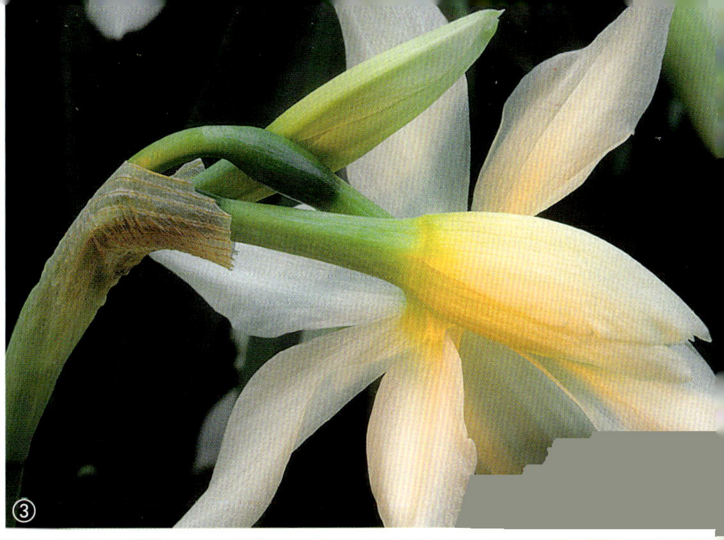
③

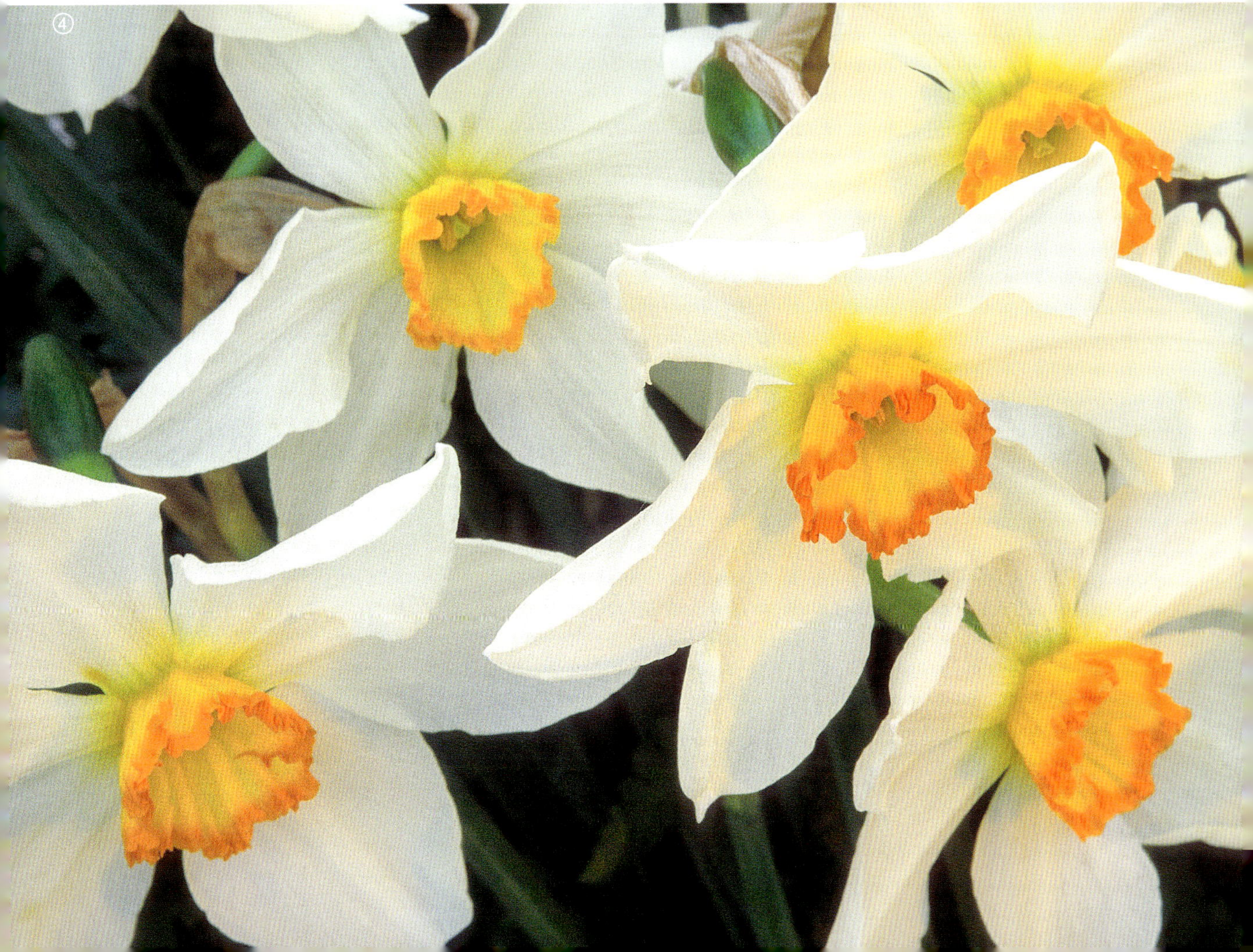
④

① ***Narcissus* 'Dubbele Kampernelle' (Kl. 4)**
- 🕓 Mittel
- ✾ Hellgelb, y-y
- ↑ Mittlere Höhe / –
- ✍ Grazile Wildnarzisse mit gefüllter Blütenmitte und starkem Duft, mit schmalem Laub, meist 2 Blüten pro Stiel; gut zum Verwildern, auch für Tröge
- ✎ 1601 / stammt von den Kanalinseln

② ***Narcissus* 'Codlings and Cream' (Kl. 4)**
- 🕓 Mittel
- ✾ Weiße oder gelbliche Hk. und Segmente, Nk. schwefelgelb, w-y
- ↑ Hohe Sorte / große Blüten
- ✍ Alter, robuster Gartenschatz mit ovalen, gedrehten Blütenblättern und gleichmäßig gefüllter Mitte, Nk.-Elemente deutlich kürzer, Synonym: *Sulphur Phoenix*, 'Albus Plenus Sulphureus'
- ✎ Vor 1820 / unbekannt

③ ***Narcissus* 'Dr. A. Fleming' (Kl. 2)**
- 🕓 Mittel
- ✾ Hk. weiß, Nk. orange mit gelblicher Mitte, w-o
- ↑ Mittelhohe Sorte / –
- ✍ Hk. oval, etwas verdreht und spitzzipfelig, Nk. stark gerüscht und gewellt, meist weit geöffnet
- ✎ Vor 1948 / J. W. A. Lefeber

④ ***Narcissus* 'Laurens Koster' (Kl. 8)**
- 🕓 Mittel
- ✾ Cremeweiße Hk. gelborange Nk., w-y
- ↑ Mittelhohe Sorte / –
- ✍ 4–5 Blüten pro Stiel, rundliche Hk., becherförmige, gewellte Nk.
- ✎ Vor 1906 / Albert Vis

⑤ *Narcissus* 'Irene Copeland' (Kl. 4)
- 🕐 Mittel
- ❋ Schneeweiße Blüten und Blütenblatt-Segmente, im inneren Teil hellgelb, gleiche Färbung in der Nk., w-y
- ↕ Mittelhohe Sorte / 8,5 cm
- 🖉 Durch die gleichmäßige Färbung und ebenso regelmäßige dichte Füllung sehr harmonisch wirkende Blume
- ✎ Vor 1915 / William Copeland

⑥ *Narcissus* 'Golden Ducat' (Kl. 4)
- 🕐 Früh
- ❋ Blütenblätter und innere Segmente leuchtend Gelb, Nk.-Elemente einen Hauch dunkler, y-y
- ↕ Hohe Sorte / 11 cm
- 🖉 Lockerer Aufbau der gefüllten Blüte, äußere Blütenblattkränze glatt, teils einander überdeckend, innere verdreht und eingeschnitten
- ✎ Vor 1946 / Speelman

Trompetenlange Schönheiten

Die wohl bekannteste Klasse der Narzissen hat nicht umsonst allgemein den Namen »Osterglocke«. Nur wenige andere erzählen so eindringlich vom Frühling wie die großblumigen Vertreter der Trompetennarzissen (Klasse 1). Trompete deshalb, weil die Nebenkrone wie eine Trompete aus der Mitte der Blüte herausragt. Grundsätzlich gilt hier, dass die Segmente der Nebenkrone immer länger sind als die der Hauptkrone. Dieses Merkmal stammt von der wilden *Narcissus pseudonarcissus* ab.

Die Hauptkronsegmente sind breit, so dass sie gut überlappen, manche sind spitzer, andere sind runder zugeschnitten. Sie stehen rechtwinklig zur Nebenkrone oder sind leicht nach hinten geklappt. Die Trompete kann schlank zylindrisch sein oder konisch geformt. Ihr vorderer Rand, der Saum, ist leicht aufgebogen, deutlich nach außen gerollt, gelappt, gezähnt oder gerüscht. Die meisten Trompetennarzissen haben eine frühe oder mittlere Blütezeit, manche blühen auch spät.

Zu den ersten zählen die zierlichen, niedrigen Sorten wie die gelb-weiße 'Topolino' oder die goldgelbe 'Little Gem'. 'Dutch Master', eine wüchsige, mittelhohe Sorte mit goldgelber Krone, ist die meist angebaute Narzisse in den Niederlanden.

Unter den weißen Trompetennarzissen gibt es viele Vertreter, die mit ihren leuchtenden, majestätischen Blüten in der Vase oder als Tuff im Beet Eindruck machen.

Weiße Narzissen blühen meist etwas später als die Gelben. Viele erblühen mit hell-gelber oder cremefarben getönter Nebenkrone, die aber rasch zu reinem Weiß ausbleicht. Ältere Sorten blühen nicht rein-weiß, sondern hell cremefarben. Zweifarbige Trompetennarzissen mit weißer Haupt- und gelber Nebenkrone entstanden anfangs aus Kreuzungen von gelben und weißen Trompeten. Diese Kreuzungen mit zarten Farben wirken sehr edel, aber das Ziel vieler Züchter ist es, einen kräftigen Farbkontrast zu erreichen.

Weiß-gelbe Blüten gibt es viele, die sogenannten Bicolortrompeten. Die Zahl der umgekehrt Bicoloren mit gelber Haupt- und weißer Nebenkrone hat erst in letzter Zeit stark zugenommen.

Rot in der Nebenkrone tritt nur bei Wildnarzissen wie der Dichternarzisse *(N. poeticus)* auf. Noch ist es

Narcissus 'Glenfarclass'
- Mittel
- Gelbe Blüte mit deutlich dunklerer orangefarbener Trompete, y-o
- Hohe Sorte/–
- Erhielt 1988 AGM
- 1976/John S. B. Lea

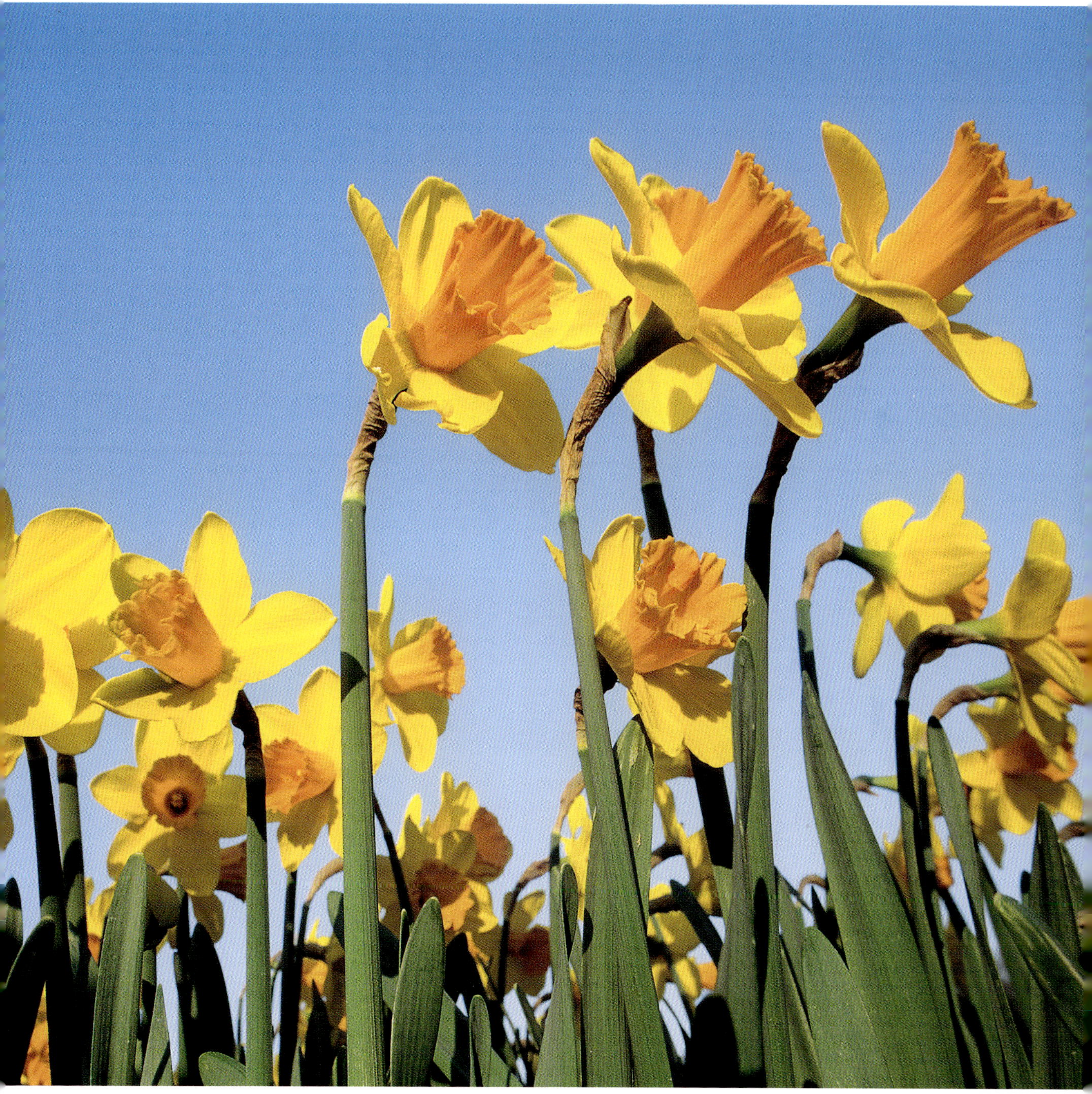

nicht gelungen, eine weiße Narzisse mit rein-roter Trompete zu züchten. Aber in verdünnter Form mit rosa, oder zumindest apricot-farbener Trompete sind Sorten im Handel. Auch Sorten mit gelber Hauptkrone und rosa Nebenkrone sind selten, Gelb mit roter Nebenkrone stehen (noch) gar nicht zur Verfügung.

Was den meisten Narzissen der Klasse 1 fehlt, ist ein angenehmer Duft. Durch Einkreuzen, zum Beispiel von Jonquillen, soll dieser Mangel zukünftig einmal behoben werden.

① *Narcissus* 'Golden Spur'
- Sehr früh
- Gelbe Hk. und Nk., y-y
- Gilt noch als Zwerg, unter 30 cm / –
- Alte Sorte mit spitzen, einzeln stehenden, schmal eiförmigen Hk.-Segmenten
- Vor 1885 / unbekannt

② *Narcissus* 'Easter Joy'
- Mittel
- Hk. hellgelb, Nk. kräftig gelb, y-y
- Hohe Sorte /
- Runde Hk., die zum Rand hin aufhellt, Nk. mit weiter Trompete, gerüscht
- Vor 1953 / Züchter unbekannt

③ *Narcissus* 'Topolino'
- Früh
- Cremeweiße Blütenblätter, leuchtend gelbe Trompete, w-y
- Miniaturnarzisse, 15 cm / 6,5 cm
- AGM 2001, eiförmige Blütenblätter etwas verdreht mit gewelltem Rand; Nk. zylindrisch und glatt, Saum zurückgebogen und eingeschnitten, gerüscht, Rand leicht gezähnt
- 1965 / J. Gerritsen and Son

Sorten und Arten im Porträt Teil 1

④ *Narcissus* **'W. P. Milner'** (Kl. 1)
- 🕒 Früh
- ✹ Öffnet hell schwefelgelb, später cremeweiß, w-w
- ↑ Miniaturnarzisse / 6 cm
- 🌿 Nickende Blüten mit nicht überlappenden, leicht verdrehten Blütenblättern, Nk. zylindrisch, Rand wenig aufgebogen und gebuchtet; gut in Töpfen und Schalen oder am vorderen Beetrand, verwildert
- ✎ Vor 1869 / eingeführt von W. Backhouse

⑤ *Narcissus* **'Biscayne'**
- 🕒 Mittel bis spät
- ✹ Hk. helles, grünliches Gelb mit Weiß an der Spitze und Basis, Nk. weißlich Gelb, etwas dunkler am Rand, y-y
- ↑ Mittelhohe Sorte / große Blüte (12,5 cm)
- 🌿 AGM 1993, Blütenblätter deutlich gerippt, zur Hälfte überlappend, Nk. trichterförmig, mit gerüschtem, welligem Rand
- ✎ 1966 / P. de Jager and Sons

⑥ *Narcissus* **'Chinese Coral'**
- 🕒 Mittel
- ✹ Grünlich weiße Hk. orangerosa, Nk. mit klarem Gelb an der Basis, w-p
- ↑ Niedrige Sorte / 8,5 cm
- 🌿 Neue Sorte mit interessantem Farbverlauf
- ✎ 1995 / J. Gerritsen and Son

Trompetenlange Schönheiten

Von großen Kronen

Bei dieser umfangreichen Narzissenklasse sind die Segmente der Nebenkrone mindestens ein Drittel so lang wie die Hauptkronblätter, aber nie länger als diese. Da diese Grenze willkürlich gezogen ist, kommt es genau wie bei den Kleinkronigen vor, dass durch Standort- und Wachstumsbedingungen Sorten mal in die eine oder andere Klasse passen.

Die große Vielfalt erklärt sich durch die Variationsbreite der Trompetennarzissen die, mit den spät blühenden Dichternarzissen gekreuzt, für viele der Sorten Pate gestanden haben. Das erklärt auch, warum gelbe Großkronige (Klasse 2) früher blühen als weiße Sorten, die *Poeticus*-Anteile in sich tragen. Heute sind viele rein-gelbe Spitzensorten auf dem Markt, die von ausgereifter Form und feinster Substanz sind. Das Angebot reicht von leuchtendem Zitronengelb bis zu kräftigem Goldgelb, mit fast trompetenlanger oder kürzerer schalenförmiger Nebenkrone.

Weiße Großkronige, von creme bis schneeweiß sind für jeden Geschmack vorhanden. Darunter solche, die mehr sternförmig wirken oder dank stumpf gerundeten Hauptkronblättern kreisförmig aussehen. Bei den zwei- und mehrfarbigen Großkronigen wird die Vielfalt an Sorten nahezu unüberschaubar. Während auf den britischen Inseln schlichte, glatte Nebenkronen verschiedener Länge mit ungeteiltem oder fein gegliedertem Saum bevorzugt werden, zeigen viele niederländische und amerikanische Sorten stark gekräuselte und gerüschte Ränder, die teilweise weit geöffnet sind und dann auf den Hauptkronblättern aufliegen.

Bei den gelb-weißen und weiß-gelben Großkronigen bleiben keine Wünsche offen. Das gilt auch für Sorten mit weißer oder gelber Hauptkrone und oranger oder roter Nebenkrone. Bei den weiß-rosa Großkronigen reicht die Farbpalette von Lachs bis zu Apfelblütenrosa und zu Sorten mit einem tiefen Rosarot. Bei gelb-rosa Großkronigen ist die Auswahl deutlich geringer. Die Farben sind hier auch weniger kräftig. Ob die Kombination von Gelb mit starkem Rosa beim Publikum ankäme, sei dahin gestellt.

Großkronige mit buntem Rand der Nebenkrone gibt es, abgesehen von solchen mit weißem Rand, in allen möglichen Kombinationen. Gelb mit Pink und Rot, Orange mit Gelb, Weiß mit Gelb-Orange und Rot: Fast alles ist möglich.

Narcissus 'Professor Einstein'
- März
- Weiße Hk. mit großer, orangeroter Nk., w-r
- Mittelhohe Sorte, 40 cm / –
- Die Nk. ist flach und scheibenförmig, am Rand gefranst, beliebte Sorte mit starker Kontrastwirkung, nicht sehr »sunproof«, deshalb im Halbschatten pflanzen
- Vor 1946 / J. W. A. Lefeber

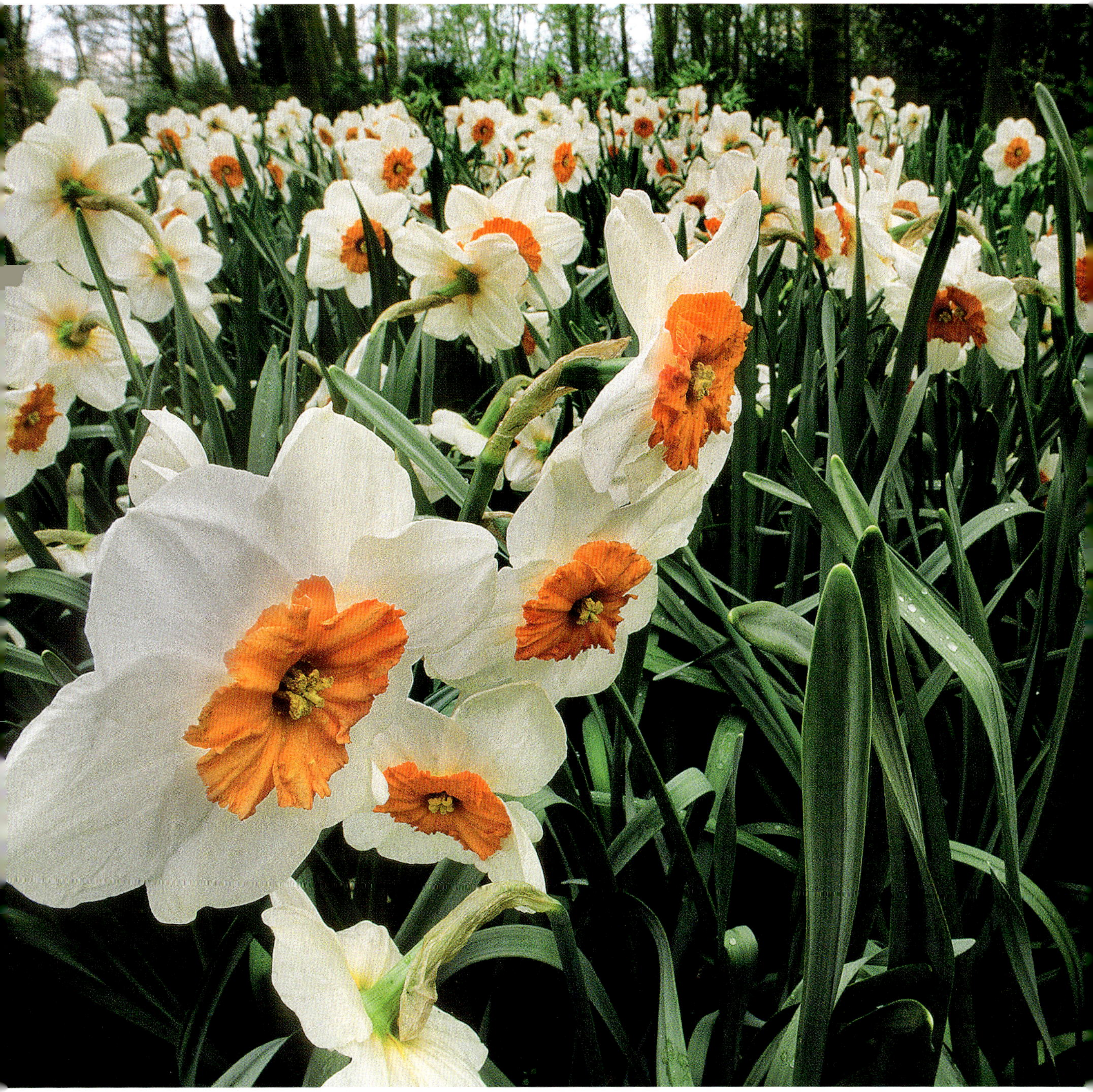

Sorten und Arten im Porträt 1

① *Narcissus* **'Big Gun'**
- 🕓 März
- ❀ Weiße Hk. und gelbe, kürbisfarbene Nk., w-y
- ↕ Hohe Sorte / Blüte bis 11 cm Durchmesser
- 🌿 Große Blüte, gute Gartensorte aus den USA
- ✍ 1978 / W. G. Pannill

② *Narcissus* **'Perfect Lady'**
- 🕓 März
- ❀ Weiße Hk. mit leicht gelblichem Touch, Nk. rötliches, kräftiges Pink, w-p
- ↕ Hohe Sorte / gut 10 cm breite Blüte
- 🌿 Nur wenig überlappende Blütenblätter, Nk. stark gerüffelt, süßlich duftend
- ✍ 2007 / K. van der Veek

③ *Narcissus* **'India'**
- 🕓 Mittel
- ❀ Leuchtend grünlichgelb, mit Weiß an der Basis, Nk. hellgelb mit dunklerer Tönung im Randbereich, yyw-y
- ↕ Mittelhohe Sorte / 10 cm
- 🌿 AGM 2006, Hk. zur Hälfte überlappend, gewellt; Nk. schmal zylindrisch mit stark gekräuseltem, nur leicht aufgebogenem, eingekerbtem Rand
- ✍ 2007 / W. F. Leenen and Sons

④ *Narcissus* **'Vega'**
- 🕓 Mittel
- ❀ Zitronengelbe Hk. mit helloranger Nk., an der Basis gelborange, y-o
- ↕ Mittelhohe Sorte / –
- 🌿 Rundliche Hk, zu ²/₃ Drittel überlappend, Nk. stark gerüscht und gekräuselt
- ✍ Vor 2006 / W. F. Leenen

Von großen Kronen

① *Narcissus* 'Modern Art'
- Mittel bis spät
- Hellgelbe Hk., Nk. hellorange, y-o
- Hohe Sorte / etwa 9 cm
- Hk. leicht zurückgebogen, Nk. halskrausenartig gerüscht, schalenförmig
- 1973 / W. F. Leenen

② *Narcissus* 'Blues'
- Früh
- Weiße Hk., die Nk. wechselt von Gelb zu Apricot, w-o
- Hohe Sorte / –
- Ganz neue Sorte, Hk. mit runden Petalen, Nk. stark und dicht gekräuselt
- 2008 / W. F. Leenen

③ *Narcissus* 'Wild Carnival'
- Mittel
- Hk.-Segmente grünlich gelb, Nk. leuchtend orange, y-o
- Hohe Sorte / –
- Stark gerüschte Nebenkrone
- 1982 / W. F. Leenen

④ *Narcissus* 'Limbo'
- Mittel bis spät
- Hk. hell orange, Nk. tief orangerot, o-r
- Hohe Sorte / gut 9 cm breit
- Runde Hk. mit weit überlappenden Segmenten, Nk. eine offene Schale
- 1984 / Brian S. Duncan

②

③

④

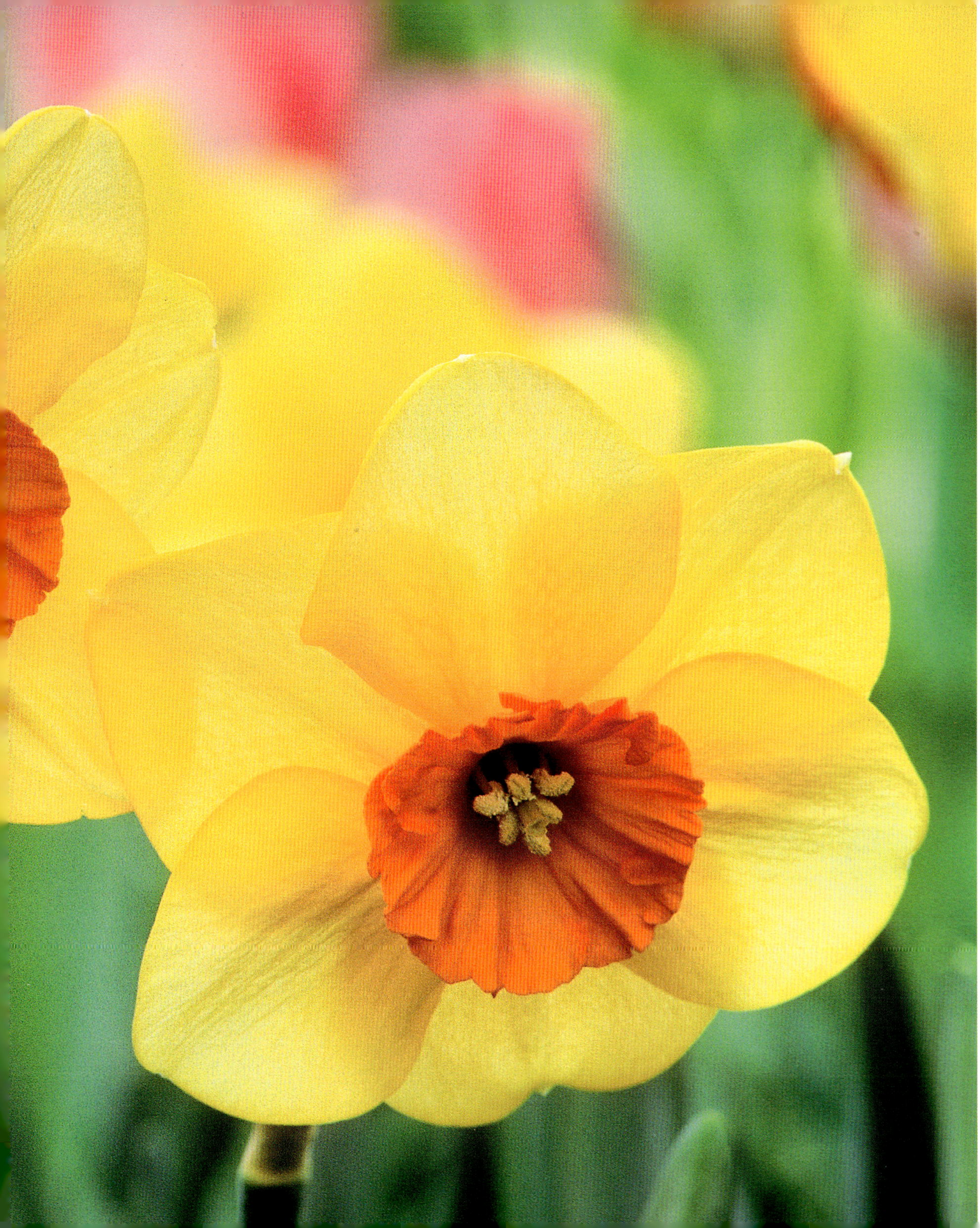

Von kleinen Kronen

Kleinkronige stehen in der Klassifikation zwischen Großkronigen und Dichternarzissen-Hybriden. An der Trennlinie gibt es naturgemäß Unschärfen, die immer mal wider zu Zuordnungsproblemen führen. Per Definition gilt, dass bei Kleinkronigen die Länge der Nebenkrone höchstens ein Drittel der Hauptkrone betragen soll.

Kleinkronige Narzissen (Klasse 3) haben unter den Hybriden aus Trompeten und Dichternarzissen die meisten Poeticus-Erbanlagen. Infolgedessen sind rein gelbe sehr wenig vorhanden, aber Reinweiße in bester Qualität gibt es genug. Auch solche mit grünem Auge, mit glatter oder gerüschter und gefälteter Nebenkrone sind am Markt. Die Hauptkrone wirkt meist rund, selten sternförmig.

Kleinkronige zweifarbige Narzissen mit weißer Haupt- und hellgelber Nebenkrone gibt es mehrere, solche mit dunkelgelber Nebenkrone kaum. Auch Gelb-Weiße sind nach wie vor nur ein Ziel der Züchter. Bei den Gelb-Roten sind einige Sorten auf dem Markt, ebenso Orange-Rote. Sie deuten darauf hin, dass in Zukunft einmal das Ziel vieler Liebhaber erreicht werden könnte: wohlproportionierte Kleinkronige mit roter Haupt- und roter Nebenkrone.

Weiß-Orange und Weiß-Rote sind viele in den Katalogen vertreten. Die Besten dieser Sorten sind »sunproof«, ihr Rand bleicht in der Sonne nicht aus.

Alle Dichternarzissen haben orangefarbene beziehungsweise rot gesäumte Nebenkronen. Daher gehören bunte Ränder quasi von Natur aus zu den kleinkronigen Narzissen. Ausgehend vom Poeticus-Grundtyp mit weißer Hauptkrone und gelber Nebenkrone mit grünem Auge und rotem Rand ist heute eine große Anzahl schönster Gartensorten mit schneeweißer Hauptkrone im Handel. Diese besitzen unterschiedlich geformte Nebenkronen und orangene, gelbe, ziegel- bis dunkelrote oder rosa Randzonen.

Manchmal ist der rote Rand der Nebenkrone nur ein schmaler, leuchtender Streifen, manchmal ist das Grün des Auges über zwei Drittel der Nebenkrone ausgedehnt. Als besonders attraktiv werden Kleinkronige Narzissen mit weißer Hauptkrone und gelbem, rosa, rot oder orangenem Rand der weißen Nebenkrone empfunden.

rechte Seite Narcissus *'Pettilant'*; Beschreibung Seite 70

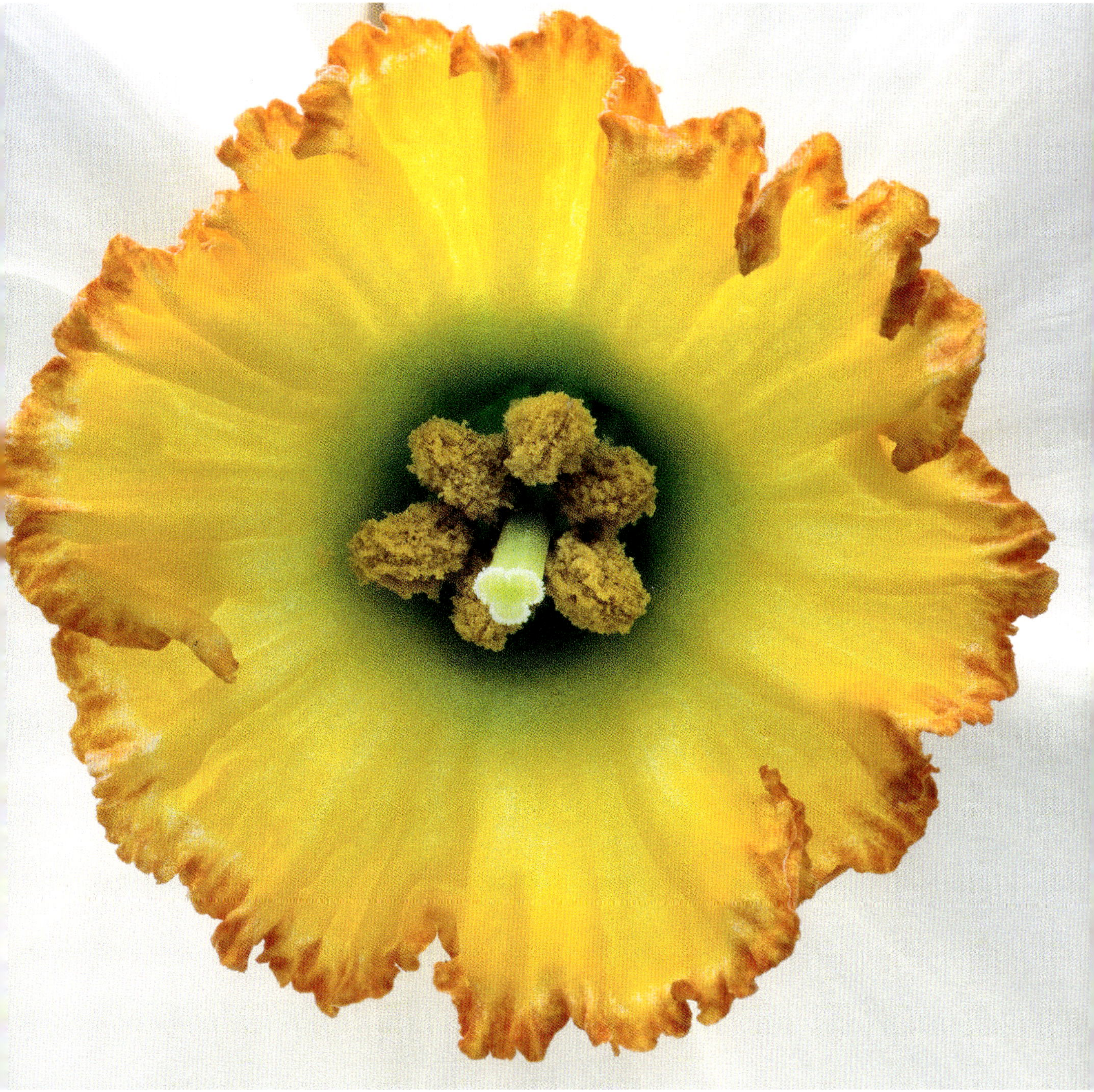

① *Narcissus* 'Petillant'
- Mittel bis spät
- Weiße Hk., Nk. offene gelbe Schale mit orangerotem Rand, w-yyo
- Mittelhohe Sorte / 8,5 cm
- Erinnert an die Dichternarzisse 'Actaea', aber der orangerote Rand der Nk. ist breiter.
- 1967 / J. Gerritsen and Son

② *Narcissus* 'Piper's End'
- Mittel
- Weiße Hk. mit weißer, an der Basis grüner Nk., w-gww
- Hohe Sorte / –
- Kräftige Pflanze, sehr breite Petalen, die weit überlappen, abgerundet und tief eingeschnitten; Nk. flache, zurückgebogene Schale, leicht gerüscht; schöne Sorte einer der wenigen Frauen, die sich als Züchterinnen einen Namen gemacht haben
- 1984 / J. Abel Smith

③ *Narcissus* 'White Lady'
- Mittel
- Weiße Hk., Nk. hell cremefarben bis gelb, im mittleren Teil weißlich, w-y
- Mittelhohe Sorte / 8,5 cm
- Längliche, leicht wellige Petalen, die wenig oder gar nicht überlappen, becherförmige Nk., duftend
- Vor 1897 / G. H. Engleheart

④ *Narcissus* 'Segovia'
- Mittel
- Weiße Hk. und grünlichgelbe, fast durchscheinende Nk., w-y
- Mittelhohe Sorte, 40 cm / 5 cm
- Kleinblumige Sorte auf hohen Stielen, Blütenblätter breit eiförmig und leicht zurück gebogen; Nk. scheibenförmig mit gewelltem Rand
- 1962 / Alec (Flomay) Gray

②

③

④

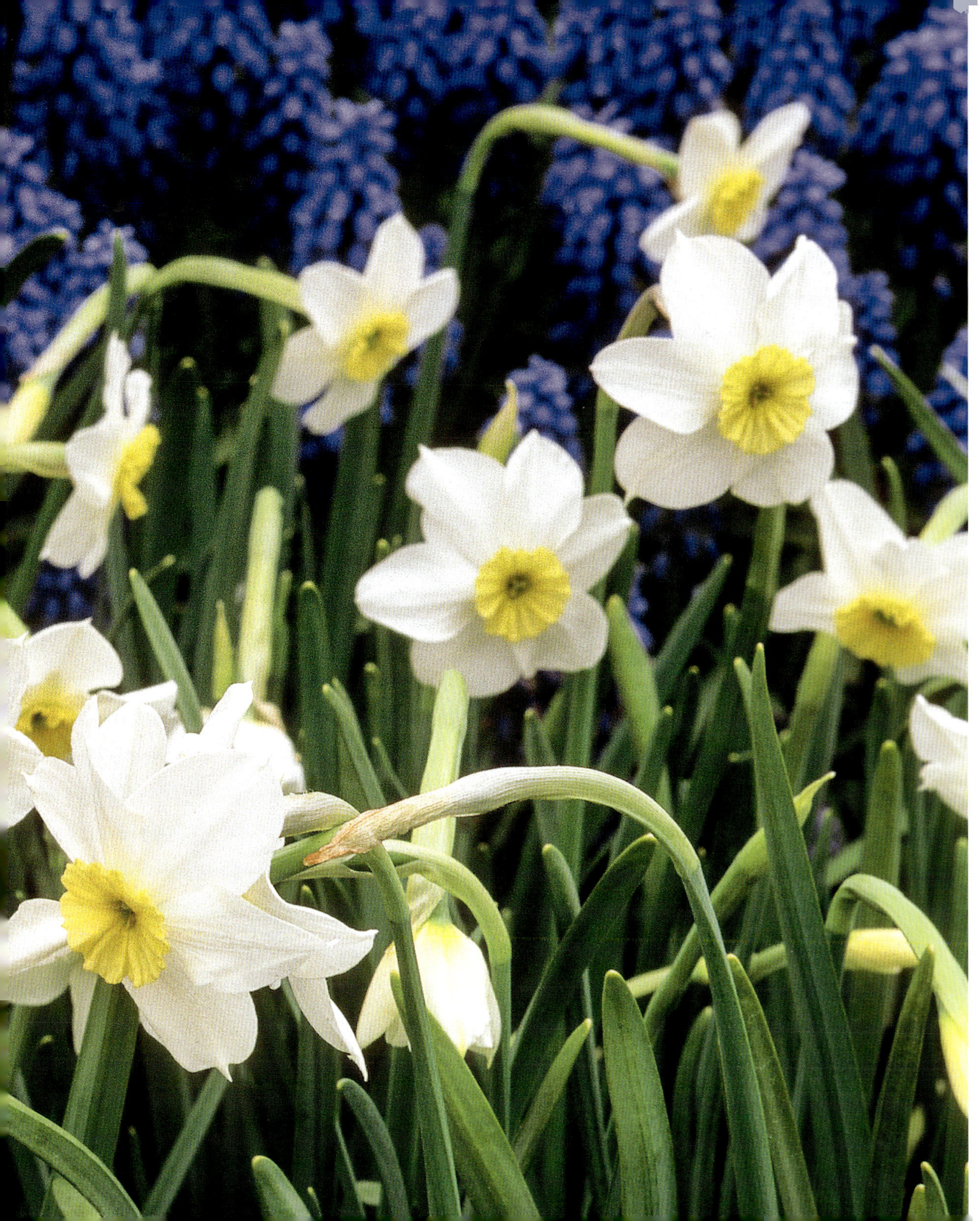

① *Narcissus* 'Conspicuus' (Kl. 3)
- 🕓 Mittel
- ✼ Hk. öffnet gelb und wechselt über schwefelegelb zu weißlich mit schwefelgelbem Randbereich, Nk. gelb mit orangem Rand, y-yyo
- ↑ Niedrige Sorte/–
- 🌿 Sternförmige Anordnung der Blütenblätter, zu 1/4 überlappend, Nk. tassenförmig, stark gerippt
- ✍ Vor 1969/William Backhouse

② *Narcissus* 'Birma'
- 🕓 Früh
- ✼ Hk. helles Gelb mit aufgehelltem Randbereich, Nk. tieforange mit einem helleren Ton an der Basis, y-o
- ↑ Mittelhohe Sorte/großen Blüten
- 🌿 Blüte sternförmig mit weiter Überlappung; becherförmige Nk., nicht sunproof, deshalb im Halbschatten pflanzen, gute Schnitt- und Treibsorte
- ✍ 1960/J.W.A. Lefeber

③ *Narcissus* 'Barrett Browning'
- 🕓 Früh bis mittel
- ✼ Erst cremeweißer, dann weißer Kranz mit orangeroter, schalenförmiger Nk., w-o
- ↑ Mittelhohe Sorte, 35 cm/9 cm
- 🌿 Gut zum Schnitt, edle Sorte mit fester Substanz, nicht sunproof
- ✍ Vor 1945/J. W. A. Lefeber

④ *Narcissus* 'Seagull'
- 🕓 Früh
- ✼ Reinweiss mit goldgelber Nk., die am Rand zu Gelb verblasst, w-y
- ↑ Mittelhohe Sorte/große, 12 cm breite Blüte
- 🌿 Einzelstehende, breit eiförmige Blütenblätter, die nur im mittleren Bereich etwas überdecken, Nk. schalenförmig, gerippt und locker gerüscht
- ✍ Vor 1893/G. H. Engleheart

③

④

Gefüllt gefällt

Als Gefüllte (Klasse 4) gelten nach den internationalen Klassifizierungsregeln alle Narzissen mit überzähligen Blütenblättern. Bei manchen sind auch die Nebenkronen gefüllt oder sie fehlen ganz. Stattdessen haben sie zusätzliche Hauptkronblätter. Die meisten haben ihren Ursprung in Mutationen von Sorten der Trompeten- und Großkronigen Narzissen. Gefülltblühende Kleinkronige und Wildnarzissen sind sehr viel seltener. Die meisten haben eine mittlere bis späte Blütezeit.

Vor 100 Jahren galten Gefüllte noch als wenig beachtete Seltsamkeiten. Heute stellen sie eine hochgeschätzte Klasse dar, an deren Verbesserung in allen Narzissenländern intensiv gezüchtet wird. Vor allem der englische Züchter Copeland hat sich zuerst mit dieser Klasse beschäftigt und viele bekannte Sorten auf den Markt gebracht. Neben den älteren Sorten, bei denen zusätzliche Blütenblätter scheinbar chaotisch in der Blüte verteilt sind, gibt es heute gleichmäßig voll gefüllte Sorten, bei denen die Nebenkrone unter diesen nahezu verschwindet. Sorten, bei denen nur die Nebenkrone gefüllt ist und von einer flachen, runden Hauptkrone umgeben ist, gelten als besonders wertvoll und erinnern an edle Pfingstrosen. Andere lassen an moderne Taglilien denken.

Für die Topfkultur sind viele der Züchtungen gut geeignet, einige Sorten sind auch für die frühe Treiberei sehr gut zu verwenden. Symmetrisch aufgebaute, gut gefüllte Blütenbälle in allen narzissentypischen Farben und Farbkombinationen gehören heute zum Standardsortiment der Blumenzwiebelhändler. Allerdings setzt starker Regen, Graupelschauer und »schlechtes Wetter« ganz allgemein den gefüllten Narzissen zu, da ihre Blütenbälle recht schwer sein können. Dann liegen die Blumen am Boden, und es gelingt ihnen nicht, sich von alleine wieder aufzurichten. Wer will, kann besondere Sorten auch im Garten halten, wenn er ihnen mit dünnen Holzstäben Halt gibt. Sehr viel besser sind sie jedoch als Schnittblumen für die Vase geeignet und zaubern, zeitig geschnitten, Extravaganz und Klasse in jedes Wohnzimmer.

Narcissus 'Clear Day'
- Früh bis mittel
- Äußere Blütenblätter und innere Segmente schwefelgelb, Nk. orange mit dunklerem Rand, y-o
- Mittelhohe Sorte / 9 cm
- Hk.-Blätter innen quirlartig angeodnet, breit eiförmig, Nk. ausgebreitet zwischen den inneren Blütenblattsegmenten, 1/3 der Länge der Blütenblatt-Segmente, gerüscht
- 1991 / Th. van der Hulst

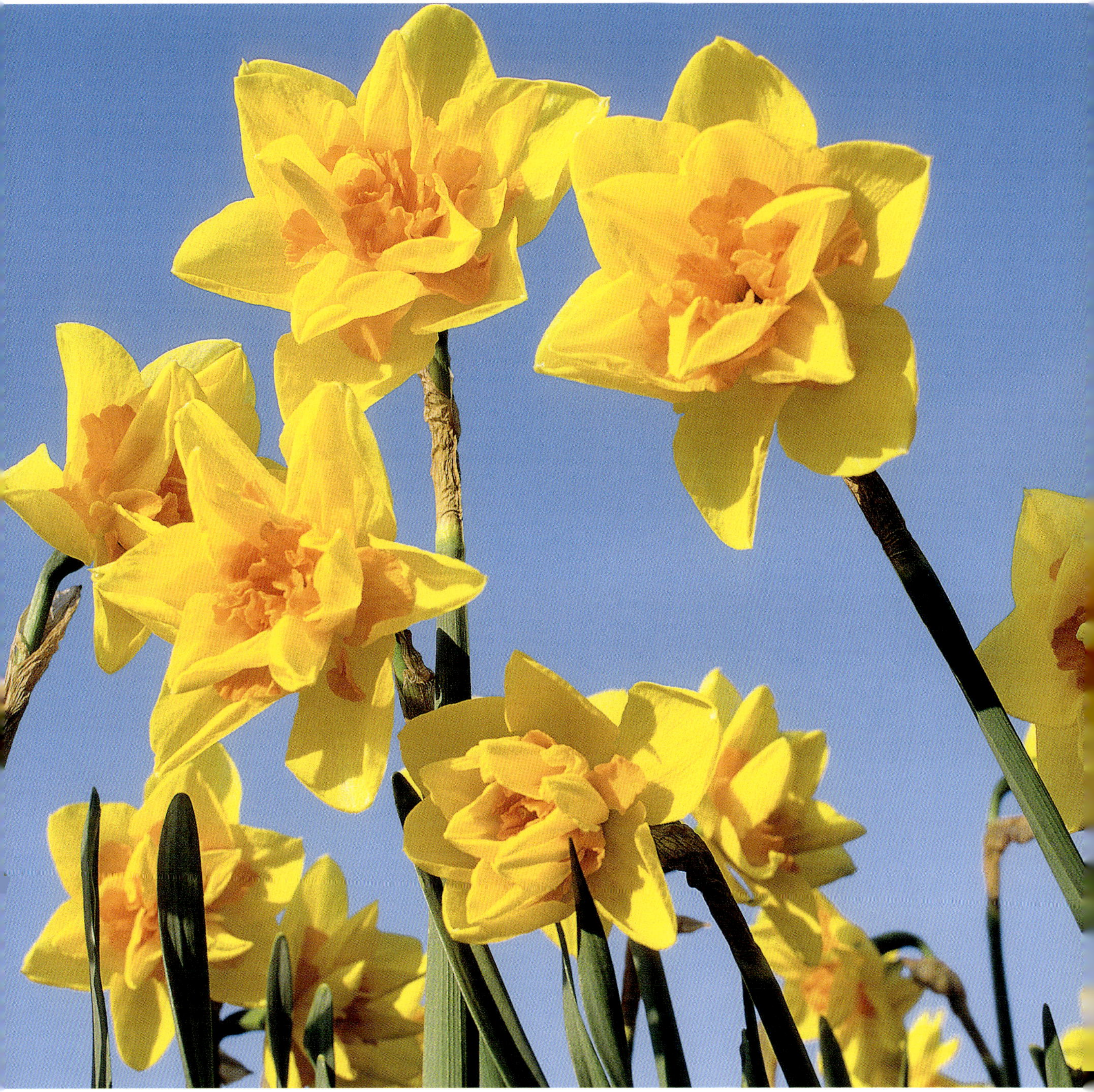

①

① *Narcissus* 'Rip van Winkle'
- 🕐 Früh
- ❋ Gelblichgrüne Blütenblattsegmente, Nk.-Elemente dunkelgelb, y-y
- ↑ Zwergsorte / bis 5 cm
- 🖋 Historische Narzisse, Miniaturnarzisse, vermutlich Wildfund als Varietät von *N. pumilus* syn. *N. minor pumilis plenus*, dicht gefüllte Form, deren Blütenblatt-Segmente schmal und spitz, teilweise zweifach gefaltet sind, Nk. kürzer, in der Mitte zentriert
- ✎ Vor 1884 / aus Irland

② *Narcissus* 'Saint Peter'
- 🕐 Mittel
- ❋ Hk.-Blätter hellgelb, Nk. orange, y-o
- ↑ Mittelhohe Sorte / kleine Einzelblüten
- 🖋 Äußerer Blütenkranz deutlich abgesetzt, wenige innere Blütenblattsegmente quirlartig angeordnet, deutlich kürzer, Nk. flache Scheibe, gerüscht
- ✎ 2003 / H. A. Vandervliet

③ *Narcissus* 'Double Fashion'
- 🕐 Mittel
- ❋ Äußere und innere Hk.-Blätter hellgelb, Nk. gelborange, tieforange im Randbereich, y-o
- ↑ Mittelhohe Sorte / 10 cm
- 🖋 Breite Blütenballsegmente, seitlich überlappend, innere nur wenig kürzer, Nk. ein Viertel der Länge der Hk., gerüscht
- ✎ 1965 / J. Lionel Richardson

④ *Narcissus* 'Double Fortune'
- 🕐 Früh
- ❋ Leuchtend gelbe Blüte, Nk. nur wenig dunkler, y-y
- ↑ Mittelhohe Sorte / –
- 🖋 Doppelter äußerer Blütenkranz mit nahezu gleichlangen Segmenten, halb überlappend
- ✎ Vor 1954 / Zandbergen-Terwegen

Gefüllt gefällt

Narcissus 'Sir Winston Churchill'
- 🕐 Spät
- ✽ Leuchtend weiße Blütenblätter und Blütenblattsegmente, Nk.-Segmente orange, w-o
- ↑ Hohe Sorte / 6 cm
- 🌱 Meist drei Blüten pro Stiel, Mittelrippe der am Rand gewellten Blütenblätter und inneren Segmente orange oder gelb überhaucht; ein Sport, der Poetaz-Hybride 'Geranium', stark duftend, AGM 1998
- ✎ 1966 / H. A. Holmes

***Narcissus* 'Wave'**
- 🕒 Mittel bis spät
- ✲ Weißer Blütenkranz, gelbe und weiße Nk.-Segmente, w-y
- ↑ Mittelhohe Sorte / –
- 🌱 Die weißen Blütenblätter der Hk. umgeben eine leuchtend gelbe Tasse (Nk.), die mit gelben und weißen Segmenten gefüllt ist
- ✎ 2004 / Niederlande

① *Narcissus* 'Irene Copeland'
- 🕐 Mittel
- ❀ Schneeweiße Blüten und Blütenblatt-Segmente; Im inneren Teil hellgelb, gleiche Färbung in der Nk., w-y
- ↑ Mittelhohe Sorte / 8,5 cm
- 🖎 Durch die gleichmäßige Färbung und ebenso regelmäßige dichte Füllung sehr harmonisch wirkende Blume
- ✎ Vor 1915 / William Copeland

② *Narcissus* 'Tahiti'
- 🕐 Mittel bis spät
- ❀ Grüngelb mit weißen Spitzen, Nk.-Elemente orange, y-o
- ↑ Hohe Sorte / große Blume
- 🖎 Mehrfach ausgezeichnete Sorte, haltbare Blume auf kräftigem Stiel, gleichmäßig, nicht zu dicht gefüllt
- ✎ 1956 / J. L. Richardson

③ *Narcissus* 'White Favourite'
- 🕐 Mittel
- ❀ Grünlichweiß mit helloranger Nk., w-o
- ↑ Mittelhohe Sorte / große Blüten, 11 cm
- 🖎 Freistehender Blütenkranz mit abgerundeten Spitzen, bis zur Hälfte überlappend; innere Blütenblattsegmente mittig im Bereich der dicht gefüllten Nk. angeordnet
- ✎ 2000 / van der Hulst

④ *Narcissus* 'Twink'
- 🕐 Früh bis mittel
- ❀ Blütenblätter und innere Segmente blass primelgelb, Nk.-Blätter kräftig orange, y-o
- ↑ Mittelhohe Sorte / –
- 🖎 Wüchsige Sorte, Blütenblätter kaum überlappend, gewellt, in einem zweifachen Kranz, innere Segmente deutlich kürzer, im Bereich der gerüschten Nk. angeordnet
- ✎ 1925 / de Graaff Bros.

rechte Seite unten Narcissus *'Flower Drift'*

Sorten und Arten im Porträt Teil 1

④

① **Narcissus 'Flower Drift'**
- 🕒 Früh bis mittel
- ✽ Blütenblätter und innere Segmente cremefarben, mit grünlichgelber Basis, Nk. leuchtend gelb mit Orange am Rand, w-yyo
- ↑ Mittelhohe Sorte / 10,5 cm
- ✍ Sport von 'Flower Record'; äußerer Blütenkranz flach, innere Segmente in mehreren Windungen angeordnet, gebuchtet, nur wenig kürzer als die Äußeren; Nk. dicht gekräuselt
- ✎ 1966 / C. A. van Paridon

② **Narcissus 'Acropolis'**
- 🕒 Mittel bis spät
- ✽ Hk. cremeweiß mit dunklerem Ton an der Basis, Nk. orange mit leuchtendem Grüngelb an der Basis, w-o
- ↑ Hohe Sorte / gut 11 cm breit
- ✍ Windungen angeordnet, abgerundet und halb überlappend, innen etwas kürzer und dichter gestellt, Nk.-Blätter sehr kurz, gerüscht
- ✎ 1955 / Lionel Richardson

③ **Narcissus 'Argent'**
- 🕒 Mittel bis spät
- ✽ Cremeweiße Blüte, hellgelbe Nebenkronen-Segmente, w-y
- ↑ Niedrige Sorte / –
- ✍ Kräftiges Wachstum, sternförmiger Blütenkranz, schmal und spitz, etwas verdreht, in zwei Windungen; Nk. weit trichterförmig, locker gerüscht
- ✎ Vor 1902 / G.H. Engleheart

rechte Seite unten Narcissus *'Iska'*

③

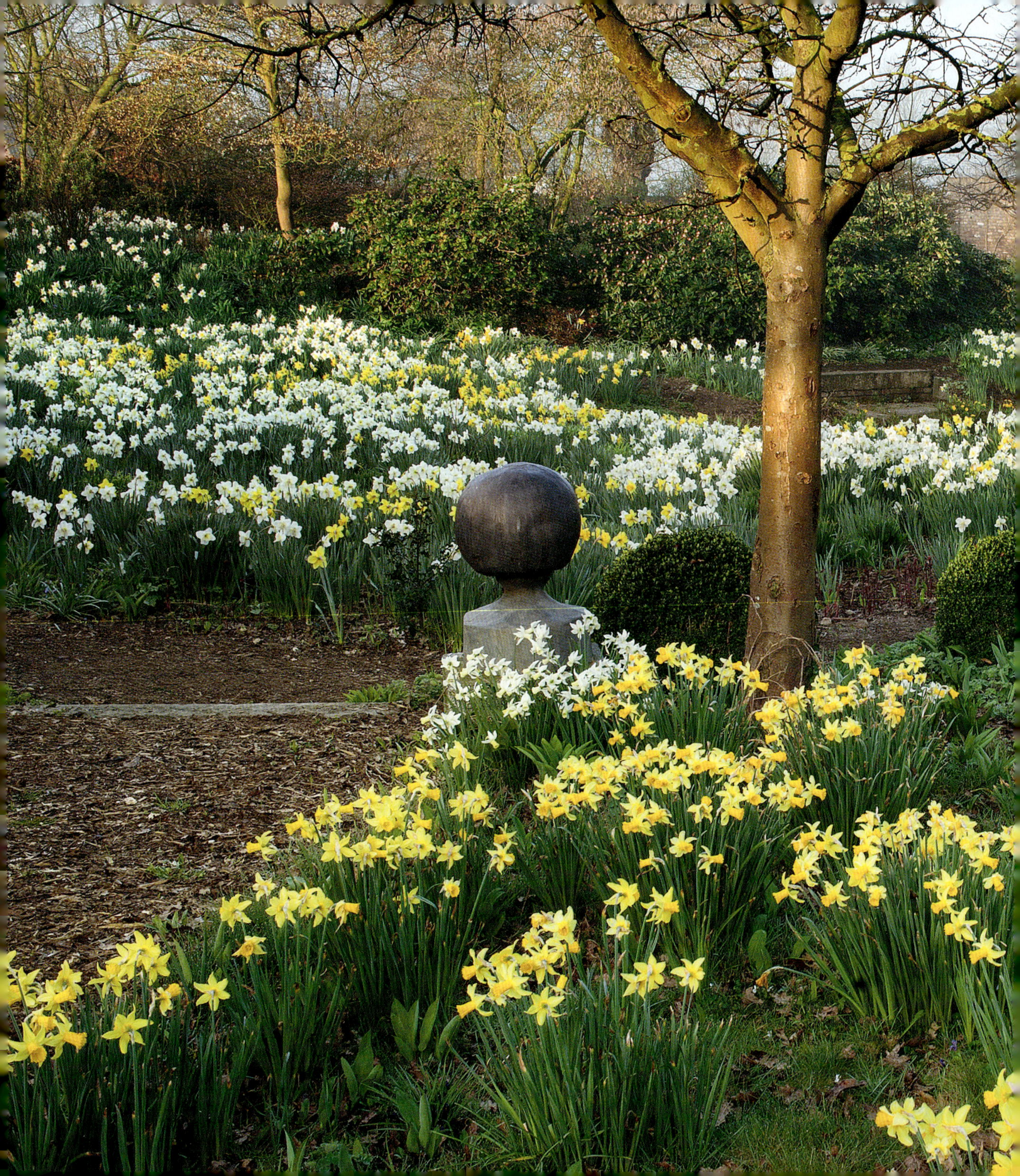

Narzissen in Gärten und Parks

Teamplayer – mit Stauden und Gräsern

Auch wenn der größte Teil der gehandelten Narzissen sich für die Kultur in Töpfen oder als Vasenschmuck eignet, ist die Verwendung im Garten optimal. Viele Narzissen sind ausgesprochen gute Gartenpflanzen und lassen sich bestens mit Blütenstauden, Gräsern und Bodendeckern kombinieren. Im sonnigen Randbereich von Bäumen und Sträuchern fühlen sich viele Narzissen wohl. Und als Wiesenbewohner sind sie prädestiniert für die Kombination mit halbhohen und hohen Stauden. Hier stehen ihnen im Frühling ausreichend Wasser und Nährstoffe zur Verfügung, im Sommer bedingt der Wurzeldruck der umgebenden Pflanzen einen trockeneren Stand, den die Narzissen in der Ruhephase bevorzugen.

rechte Seite Kaiserkronen und Narzissen in fein aufeinander abgestimmten, frischen Farbtönen von Gelb und Weiß sind die Zutaten des Frühlingsaspekts im Garten an einer alten Remise; Planung Jaqueline van de Kloet.

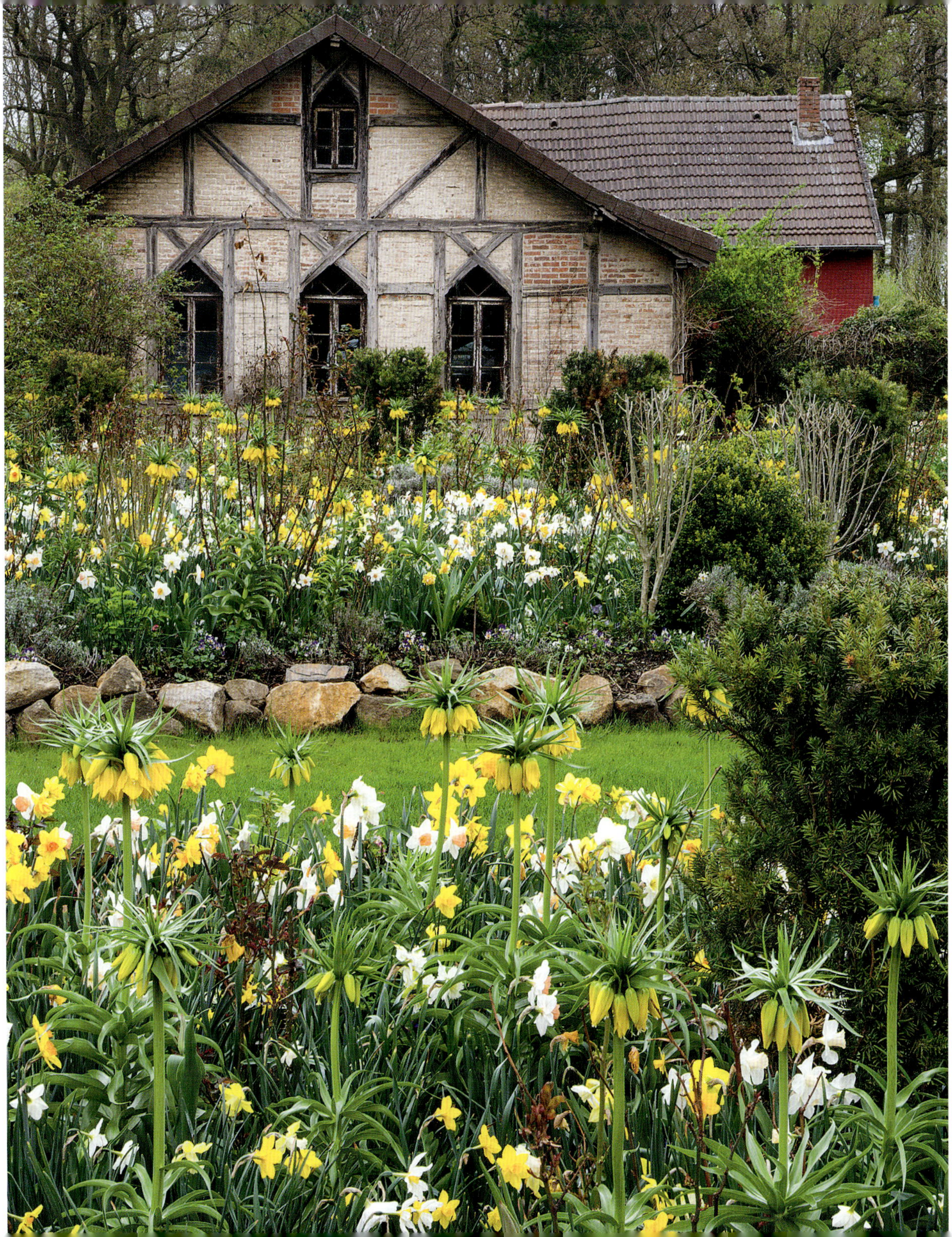

Gardenlover's Lieblinge

Die Wildarten aus den Gebirgen sind im Steingarten und auf sommertrockenen Freiflächen bestens aufgehoben, wo sie zwischen niedrigen Polsterpflanzen und Wildstauden blühen. Am Naturstandort profitieren sie im Frühling von der Schneeschmelze in Form von Feuchte und Nährstoffen. Im Sommer können diese Plätze heiß werden und bisweilen komplett austrocknen, denn auch im Garten wollen diese Zwiebeln »ausbacken«.

Als Gartengestalter war mir schnell klar, dass der Anspruch des »Immerblühenden Beets« nur dauerhaft mit Narzissen eingelöst werden kann. Auch artenreiche Staudenbeete, die im Hoch- und Spätsommer Form und Farbe im Überschwang liefern, zeigen sonst im Frühling nach dem Rückschnitt lange Zeit keinerlei Farbe und nur wenig erstes Grün.

oben *Die Mischung machts: Im Privatgarten »Brookerhof« inszenierte die niederländische Gestalterin Jacqueline van der Kloet den Frühlingsgarten mit den Sorten Narcissus 'Pipit', 'Sailboat', 'Silver Chimes' und 'Thalia'.*
linke Seite *Kräftige Tuffs je einer Sorte entfalten ihre Wirkung am besten auf großen, wiesenartigen Flächen, hier im Arboretum der Baumschule Schwitters im Münsterland.*

Wildstaudenpflanzungen und Gräser

Dass sich zwischen austreibenden Großgräsern wie Cinaschilf *(Miscanthus)*, Rutenhirse *(Panicum)* oder unter Lampenputzergras *(Pennisetum)* Narzissen wohl fühlen, hat sich noch nicht sehr herumgesprochen. Auch beliebte Großstauden wie der Bergknöterich *(Aconogonon* 'Johanniswolke'), Wasserdost *(Eupatorium)*, Schaublatt *(Rodgersia)* oder hohe Wiesenrauten *(Thalictrum)* gehen mit Narzissen eine perfekte jahreszeitliche Symbiose ein. Und natürlich lassen sich Taglilien *(Hemerocallis)*, große

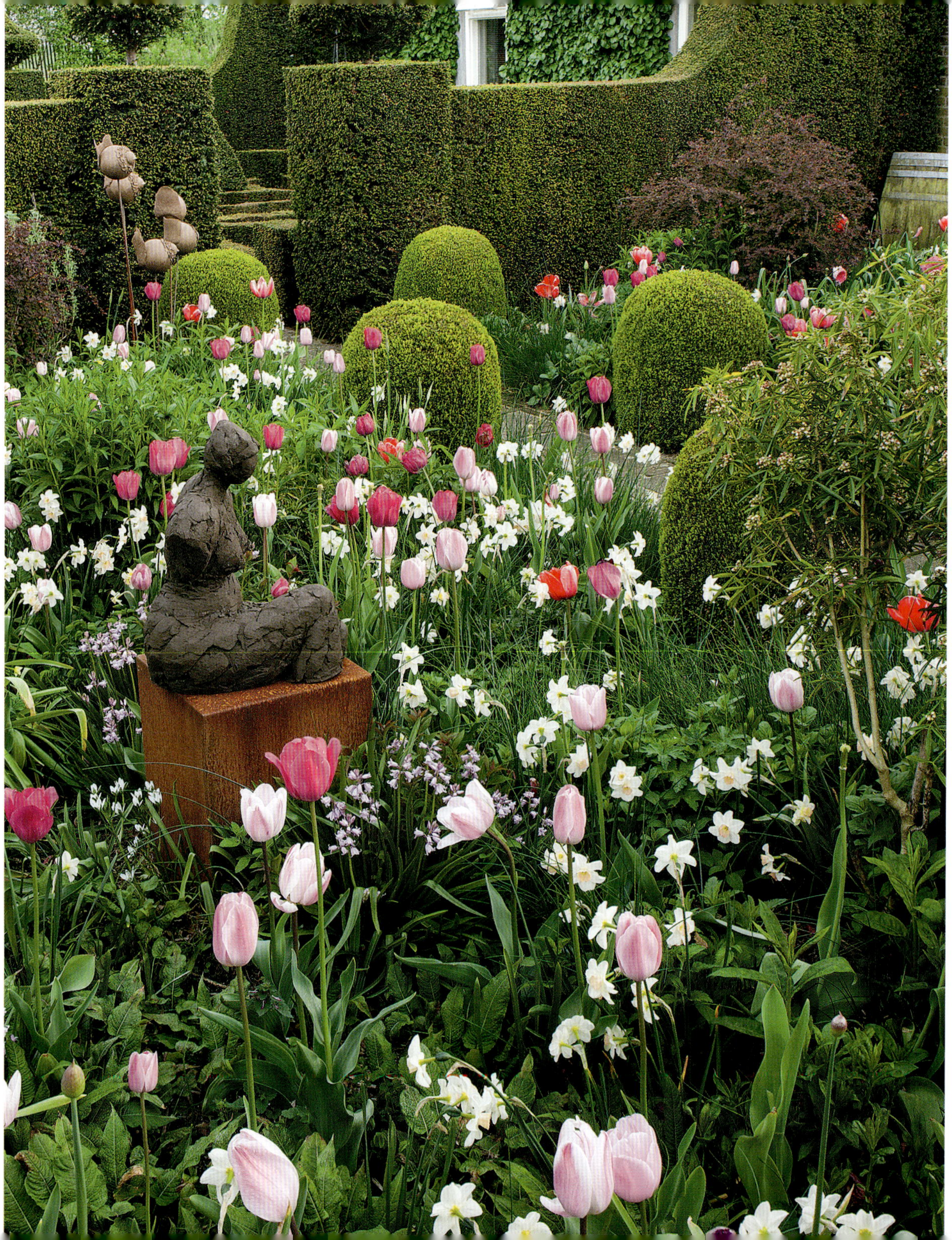

Funkien *(Hosta)* oder Kerzenknöterich *(Persicaria amplexicaule)* gut mit Narzissen umpflanzen. Alle spätaustreibenden Stauden wie *Aster* 'Snowflurry', Steinquendel *(Calamintha)*, Bleiwurz *(Ceratostigma)* oder auch Japan-Anemone eignen sich für das Unterlegen mit Narzissen. Natürlich gilt es einen gewissen Mindestabstand von frisch gepflanzten Jungstauden im 9er Topf einzuhalten.

Narzissen fühlen sich auch mitten in flächig wachsenden Hochstauden wohl. In meinem Garten wachsen die Blumen seit vielen Jahren in den lockeren Teppichen von Staudensonnenblumen *(Helianthus)*, den Herbst- und Wildastern, Sonnenhut *(Rudbeckia)* und Mädchenauge *(Coreopsis)*.

Erst nach der Narzissenblüte im April setzt das Wachstum der Solitärstauden richtig ein und verdeckt dann obendrein das vergilbende Laub.

Im Vordergrund eines Beets, zwischen niedrigen Bodendeckern wie manchen Geranium-Arten, Teppichsedum und Glockenblumen bieten sich die niedrigen Sorten der Trompeten- oder die frühen Alpenveilchen-Narzissen an. Sie blühen oft Ende Februar und in der ersten Märzhälfte, und entsprechend früh zieht auch ihr Laub ein. Die meisten der hohen Narzissen kommen dagegen erst später in Vollblüte und sollten deshalb einen wohl überlegten Platz im Beet bekommen.

Viele Beete sind für den Betrachter so angelegt, dass sie sich von vorne nach hinten staffeln und die höheren Pflanzen im Hintergrund stehen. Dieser mittlere und hintere Bereich eines Staudenbeets eignet sich hervorragend für Narzissen, die in kleinen Gruppen, in »Tuffs«, zusammenstehen. Alle langstieligen Sorten, die bis zu 40 Zentimeter und mehr hoch werden können, überragen die meisten der frisch austreibenden Stauden und Gräser sehr gut. Sie kommen also immer in den Rücken einer solchen Solitärstaude oder einer Pflanzengruppe, damit das Laub so gut es geht nach der Blüte von den nachwachsenden Stauden verdeckt wird.

oben Frühlingsstimmung verbreitet die Bepflanzung am Hühnerstall auf Schloss Ippenburg. Nicht nur am Schloss, auch in den Wiesen und Ortschaften der Umgebung blühen im Frühling hunderttausende Narzissen.
linke Seite Formale Strenge trifft auf fein gewebte Farbstrukturen: Im »Tuinzodernaam«, dem Garten ohne Namen, erzeugt die flächige Kombination pastellfarbener Blumenzwiebeln zwischen exakt geschnittenen Hecken und Skulpturen einen besonderen Reiz

Die Durchmischung verschiedener Sorten an einer Pflanzstelle führt oft zu einem chaotischen

oben *Am Kötterhaus im Kreislehrgarten Steinfurt blühen im April die Trompetennarzisse 'Holland Sensation' und die Kleinkronige Narzisse 'Saint Keverne'.*
unten *Frühlings-Zaunbegrünung mit Alpenveilchen-Narzisse (Narcissus cyclamineus 'February Gold').*

Gesamtbild. Ich bevorzuge, im Garten die einzelnen Sorten jeweils getrennt zu pflanzen und bei Bedarf mehrere Gruppen einer Sorte zu wiederholen. Je nach Pflanzenverhältnissen lege ich Gruppen von mindestens fünf oder mehr Narzissen. Um den Eindruck einer bunten Frühlingswiese in großflächigen Stauden- und Gräserpflanzungen in Parks oder Gartenschaugeländen zu erreichen, können Sorten aber auch gemischt und flächig ausgelegt werden. Das überzeugt aber nur, wenn sie in Farbe, Form und Blütezeit gut zueinander passen. Die niederländische Gartenplanerin Jaqueline van de Kloet beherrscht das fein abgestimmte Wechselspiel von Blütenfarben und unterschiedlichen Blütezeiten der Blumenzwiebeln perfekt.

Zumindest die wüchsigen Sorten schaffen es auch, durch dichte Bodendecker-Teppiche hindurch zu wachsen. Alle Narzissen haben am oberen Rand verdicktes Laub, das den Pflanzen hilft, den Boden zu durchstechen. Neben dem robusten Balkanstorchschnabel *(Geranium macrorrhizum)*, Beinwell *(Symphytum)* oder Teppichen der Walderdbeere *(Waldsteinia)* können Narzissen auch in Efeuteppiche gepflanzt werden, ein ausreichend heller Standort immer vorausgesetzt.

Sonnig oder schattig?

Das Laub muss auch nach der Blüte ausreichend belichtet sein, um genug Kraft für die Ausbildung der neuen Blüte und der Tochterzwiebeln zu haben. Auch hier gilt: Je sonniger sie stehen, desto besser. Es ist nicht immer einfach, die Lichtverhältnisse korrekt zu beurteilen. Alle Bereiche, die in der Mittagszeit besonnt sind, eignen sich besonders gut. Zwischen 11.00 Uhr und 15.00 Uhr ist die

Lichtausbeute am größten. Ob solche Flächen am frühen Vormittag oder späten Nachmittag beschattet sind, ist unerheblich. Umgekehrt gilt das aber auch: Ist die Fläche nur am Morgen oder Abend besonnt, handelt es sich doch um eine Schattenlage. Dazu kommt, dass die Lichtverhältnisse im Sommer, von Mai bis August, ausschlaggebend sind, wenn die Sonne am höchsten steht und die Tage am längsten sind. Ein berühmter Irrtum ist es zu glauben, eine Fläche sei schattig, weil das Beet im Winter im Gebäudeschatten oder im Schatten von Immergrünen liegt. Im Hochsommer werden solche Flächen dank des hohen Sonnenstandes dann doch belichtet, und schon entpuppt sich ein solches dunkles Beet zumindest als halbschattig.

oben Die Großkronige Narzisse 'Mrs. R. O. Backhouse' ist eine alte Sorte, benannt nach einer der wenigen Frauen, deren Leidenschaft das Züchten von Narzissen war.
unten Trogbepflanzung mit der frühen Alpenveilchen-Narzisse 'February Gold'.

Narzissen und Sommerblumen

Natürlich bieten Narzissen schöne Möglichkeiten, Lücken im Beet zu füllen, von denen klar ist, dass sie im Sommer mit Dahlien, Sommerblumen oder Zweijährigen bepflanzt werden.

Die Zwiebeln werden nach dem Einziehen aufgenommen und im Sommer gelagert.

Die Engländer propagieren schon lange die Kunst der »mixed border«. Hier werden Sträucher, Halbsträucher und Sommerblumen kombiniert und in den Farben fein aufeinander abgestimmt.

Da die Hauptblütezeit solcher Farbbeete der Sommer ist, sind der Fantasie für das Frühlingsbild keine Grenzen gesetzt. Auch in rosa-weißen Beeten sind gelbe Narzissen im März und April kein Widerspruch. Bevor sich das Farbthema mit Iris und Pfingstrose im Mai und Juni durchsetzt, sind die Narzissen verblüht. Warum nicht ausschließlich weiße Narzissen verwenden und die Farbe Gelb au-

Teamplayer – mit Stauden und Gräsern

ßen vor lassen? Das passt natürlich perfekt in jeden weißen Garten. Warum nicht auch in einem Beet, das im Hoch- und Spätsommer in warmen Rot-, Braun- und Gelbtönen leuchtet?

Gehölzrand

Der schattige und halbschattige Garten beeindruckt vor allem in den Frühlingsmonaten den Gartenbesucher. Einen besonderen Zauber vermittelt das frische Grün an austreibenden Sträuchern. Blühende Bodendecker wie Schaumblüte *(Tiarella)*, Lungenkraut *(Pulmonaria)* und Elfenblume *(Epimedium)* lassen den Winter schnell vergessen. Funkien *(Hosta)*, die ihre Blattspitzen aus der Erde schieben, aufrollende Farnwedel oder junge Blätter, die von Tag zu Tag größer werden, sind nur in den ersten Monaten des Jahres zu bewundern. In dieser Umgebung sind Alpenveilchen-Narzissen, mehrblütige Tazetten und Jonquillen bestens aufgehoben. Auch immergrüne Stauden wie Schlangenbart *(Ophiopogon)* oder Gedenkemein *(Omphalodes)* eignen sich als Partner von Narzissen. Ein Klassiker: Die weiße Triandrus-Hybride 'Thalia' kombiniert mit dem hell silbrigen Laub der Kaukasus-Vergissmeinnicht-Sorte *(Brunnera)* 'Jack Frost'. Auch hier gilt: Wählen Sie die hellsten Plätze, an denen das Licht optimal genutzt werden kann.

oben In Gärten und Parkanlagen gibt es viele Möglichkeiten mit Narzissen zu gestalten. Blaue Traubenhyazinthen und gelb-weiße Narzissen begleiten den faszinierenden Austrieb junger Blätter der Scheinhasel.
unten Dicht bei dicht stehen die Blütenköpfe der Narzissen in dieser Blumenwiese während der Blütezeit. Die Bildung von Tochterzwiebeln und natürliche Aussaat führen im Laufe mehrerer Jahre zu üppiger Fülle.

rechte Seite Im historischen Waldgarten von Schloss Ippenburg verwildern seit Jahren die rosa-weiße Narcissus 'Pink Pride' und die weiße Triandrus-Hybride 'Thalia'.

Für Schlossdamen und Wiesenfreunde

Wer Blütenmeere liebt und über die entsprechende Fläche verfügt ... Ein Meer aus Blüten lässt sich mit Narzissen leicht verwirklichen, denn die gelben und weißen Frühlingsblüher eignen sich gut für langlebige eindrucksvolle Massenpflanzungen. Stimmen die Voraussetzungen – sonnig bis mindestens halbschattige Lage, nicht zu schwerer Boden, der gut drainiert ist –, steht einer Narzissenwiese im eigenen Garten oder Park nichts entgegen. Locker verteilt mit variablem Abstand von zwei- bis vierfacher Zwiebeldicke wirkt die spätere Wiese am natürlichsten.

Wer möchte, kann die Zwiebeln vorsichtig händevoll auswerfen und da pflanzen, wo sie zu liegen kommen. Aus England stammt die schöne Geschichte, dass Narzissen beim Bau der großen Herrenhäuser im 19. und frühen 20. Jahrhundert aus einem Flugzeug abgeworfen wurden, um eine möglichst natürliche Verteilung zu erreichen. Durch die Fallgeschwindigkeit dringen die Zwiebeln in der richtigen Höhe in den grob gepflügten Boden ein.

Die Sorten sollten gesund sein, reich blühen und sich zur Verwilderung eignen. Bekannte Sorten sind auch meist preiswert, und einige davon sind auch in

20-Kilogramm-Säcken zu haben. Je nach Sorte ergibt das 200 bis 300 Zwiebeln.

Vorsicht ist bei bunten Sorten geboten, die auf jeden Fall *sunproof* sein sollten.

Eine bewährte, frühe Sorte ist die Alpenveilchen-Narzisse (*N. cyclamineus* 'February Gold'), die Ende Februar ihre gelben Blüten öffnet. Die Dichternarzisse 'Actea' ist im Mai in der Regel die späteste Sorte, die für Wiesen und Rasenflächen sehr gut geeignet ist.

Bei den reingelben Narzissen sind 'Dutch Master' und 'Golden Harvest' beliebte Massenblüher.

Die weiße 'Mount Hood' eignet sich ebenso wie die bunte 'Flower Record' oder die weiß-rosafarbene 'Salome'.

Bei großen Flächen können auch Rasenwege ausgelassen werden, auf denen schon deutlich früher

rechts Lila-violette Farbtupfer setzen die Tulpen 'Blue Bell', 'Cuirley', 'Recreado' und 'Rem's Favorite' zwischen der neuen, gefüllt blühenden Dichternarzisse 'Viktoria von dem Bussche', benannt nach der Initiatorin der Gartenfestivals im Schlossgarten Ippenburg.
unten Gelungene Kombination aus *Narcissus* 'Californica' und Christrose (Helleborus) *in den Schaugärten von Appeltern.*

Teamplayer – mit Stauden und Gräsern

oben *Die Sorten und Hybriden der Alpenveilchen-Narzissen eignen sich wegen ihrer guten Schattenverträglichkeit gut zur Verwilderung unter Sträuchern und Bäumen.*
unten *Naturstandort in der Eifel. Hier ist vor allem die Wildform der Trompetennarzisse* Narcissus pseudonarcissus *auf Wiesen und am Rand der Gehölze anzutreffen.*

gemäht werden kann. Sind diese nicht zu breit und geschickt angelegt, stört das wenig den typisch wiesenhaften Eindruck.

Auch größere, runde, ovale oder bandförmige Inseln von Narzissen eingestreut in einer gepflegten Rasenfläche, sind eine Möglichkeit, die üppige Blütenfülle der Narzissen im Frühling zu erleben.

Dann heißt es wieder, sich in Geduld zu üben, bevor das Narzissenlaub nach frühstens sechs Wochen entfernt werden kann.

rechte Seite oben *Der Waldgarten stammt noch aus der Gründerzeit von Schloss Ippenburg in Niedersachsen. Massen von Engelstränen-Narzissen 'Thalia' zaubern einen weißen Schleier unter die hohen Bäume.*
rechte Seite unten *Das Verwildern von Kleinzwiebeln, den sogenannten »stinzenplanten« hat in Holland eine lange Tradition. Hier ergänzen Puschkinia und Anemonen die eingestreuten Tuffs der Narzissen in einer Streuobstwiese in der Gärtnerei De Boschhoeve, Niederlande.*

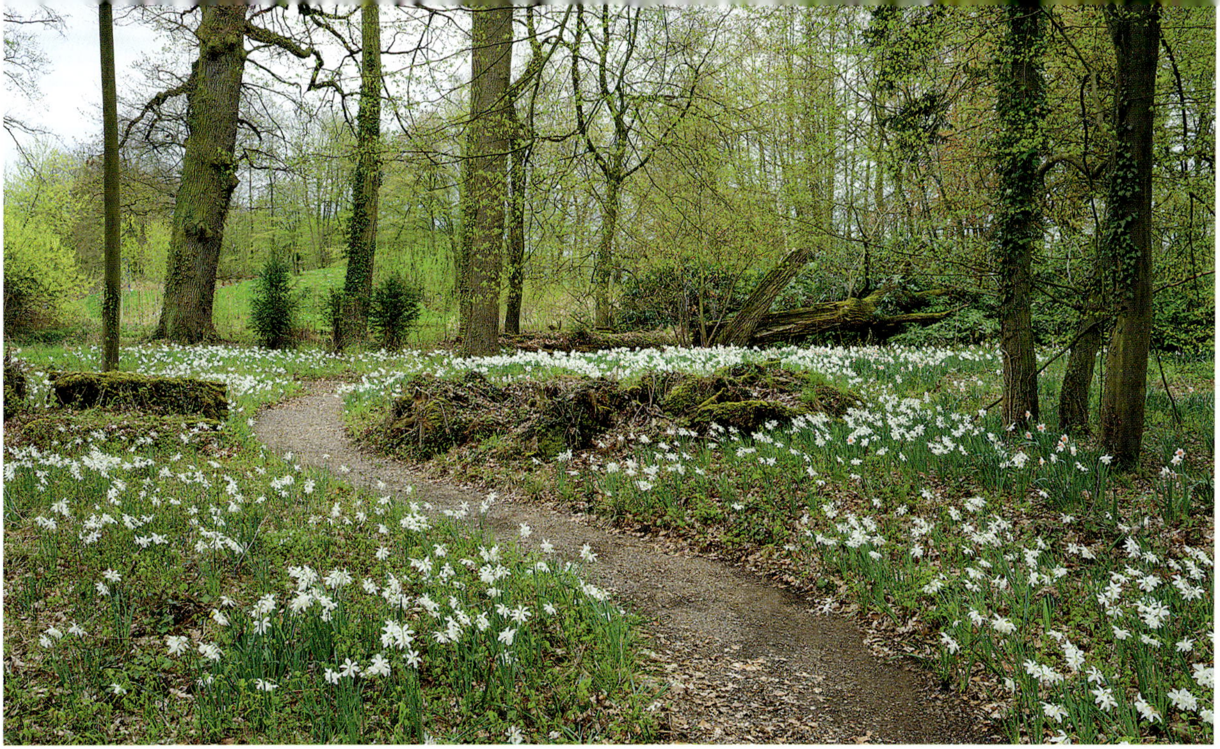

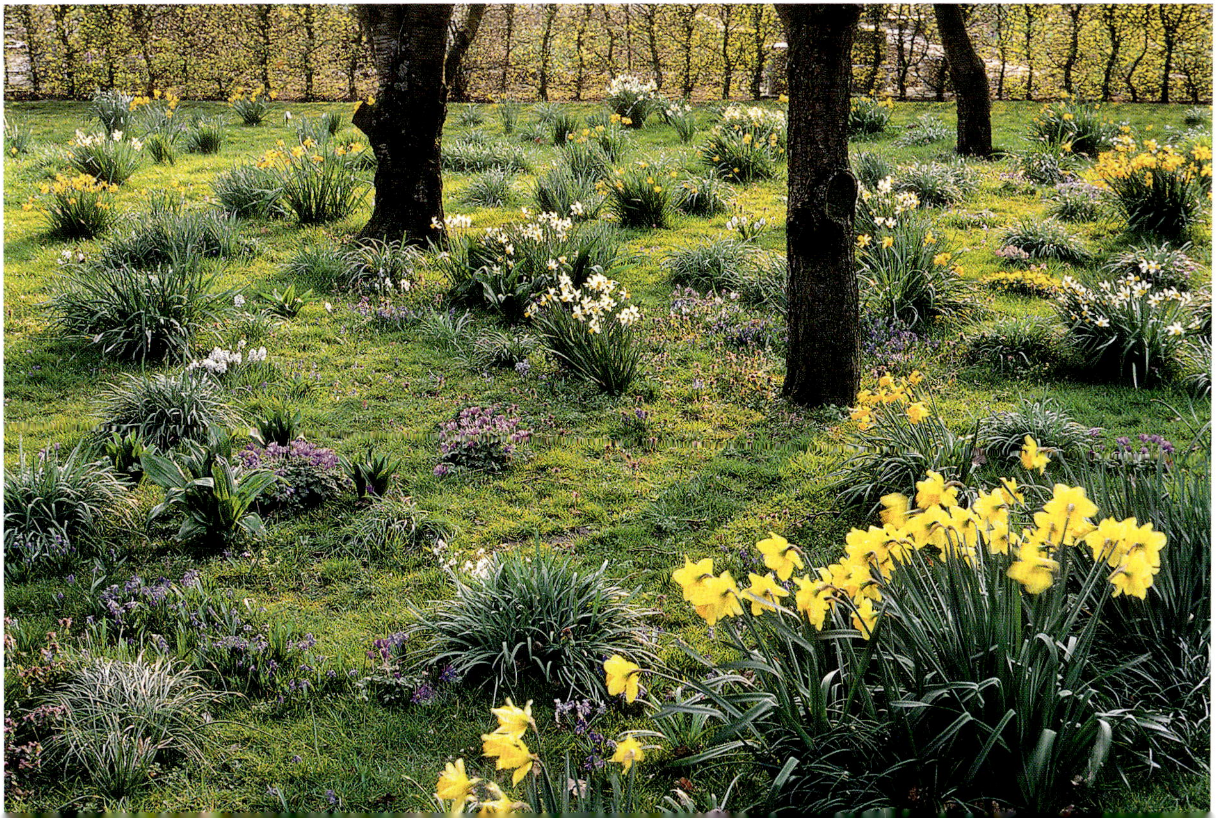

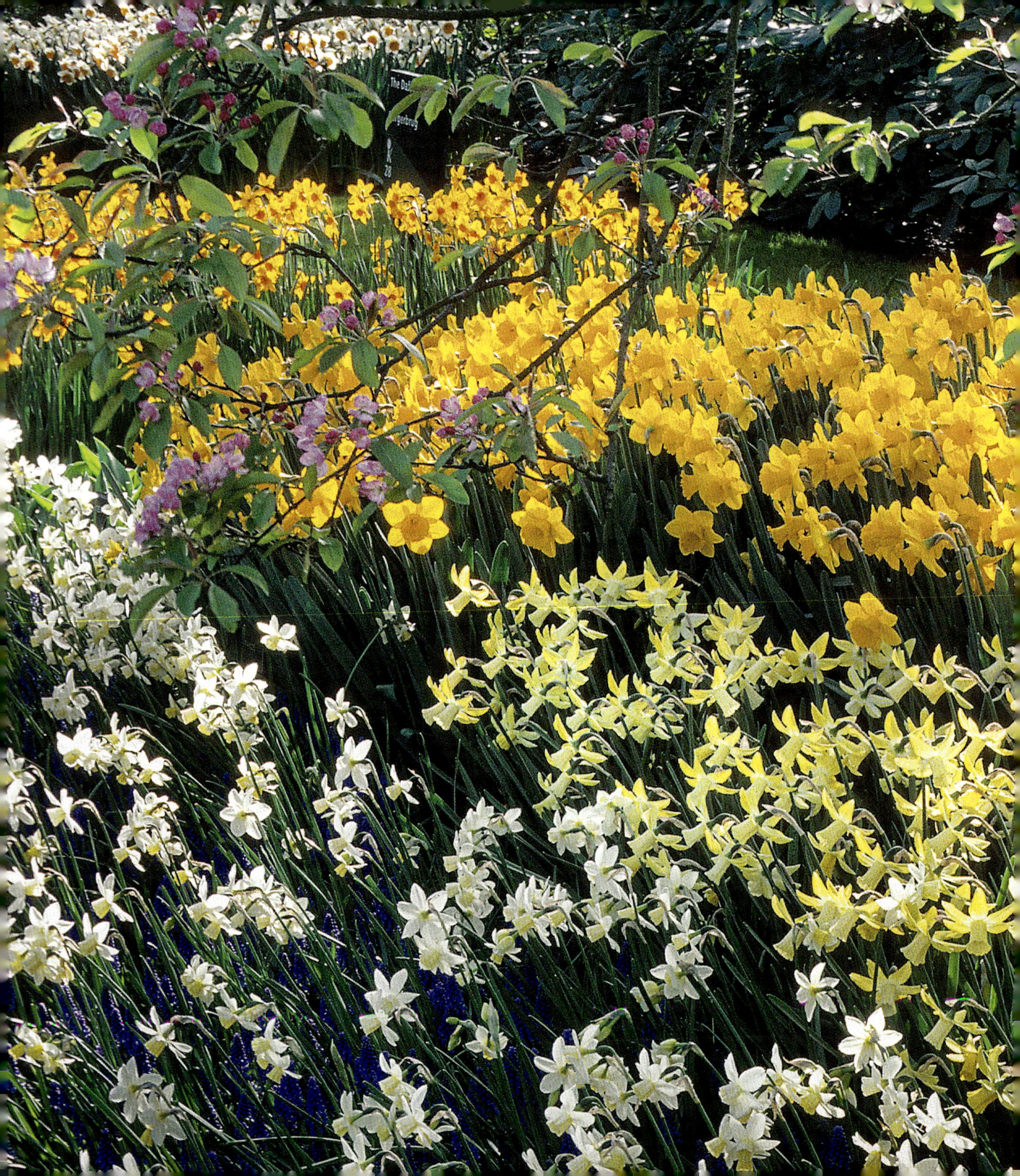

Sorten und Arten im Porträt Teil 2

Die Tränen der Engel

Zu Recht tragen diese Narzissen den poetischen Namen Engelstränen-Narzissen, der ihre besondere Ausstrahlung betont. Die Stammart tritt in Portugal und an der Küste Nordspaniens auf. Die Zwiebeln sind sehr klein und das Laub wirkt sehr schlank, mit fast runden Blättern, die eine Längsrinne aufweisen. Bis zu sechs hängende Blüten trägt ein Stängel. Die Blütenblätter der Hauptkrone sind deutlich zurückgeschlagen. Die Nebenkrone ist tassenförmig und kann von kurz bis trompetenlang ausgebildet sein. Die Einzelblüte ist kaum größer als fünf Zentimeter. Die *Triandrus*-Narzissen (Klasse 5) blühen in der mittleren und späten Blühperiode. Die meisten Sorten duften angenehm.

Viele *Triandrus*-Narzissen blühen reinweiß oder cremefarben, manche auch hellgelb. Auch Orange tritt bisweilen in der Nebenkrone auf, aber nur in Verbindung mit gelber Hauptkrone. Die weiß-rosakronige 'Akepa' von G. Mitsch hat in diesem Zusammenhang einen besonderen Reiz.

Insgesamt aber haben sich die Züchter mit den Engelstränen-Narzissen weniger beschäftigt als mit anderen Wildnarzissen-Hybriden. Gelb-rote, Weiß-orange und Gelb-weiße fehlen bisher völlig.

Die Arten und Hybriden sind in Mitteleuropa unter leichtem Schutz halbwegs winterhart, daher sind sie in rauen Lagen, in denen es oft zu starken Kahlfrösten kommt, als Topfpflanzen besser geeignet.

Narcissus 'Queen of Spain'
- 🕒 Mittel
- ✤ Schwefelgelbe bis weißliche Hk., Nk. hellgelb, y-y
- ↑ Niedrige Sorte / –
- ✿ Historische Sorte, meist 2 Blüten pro Stiel, Naturhybride aus *N. pseudonarcissus* × *N. triandrus*, von Barr als *Johnstonii* 'Queen of Spain' in den Handel gebracht, vom Naturstandort durch Ausgraben und Feuchtwiesen-Zerstörung verschwunden
- ✎ Vor 1888 / Peter Barr

105

①

②

① *Narcissus* 'Ice Wings'
- Mittel
- Hk. und Nk. rein weiß, w-w
- Mittelhohe Sorte, 30 cm hoch / –
- Wüchsig und lange haltbar, 3–4 Blüten pro Stiel, Hk. eiförmig, wenig überlappend, Nk. nahezu glatt, zylindrisch, wenig gewellt, Länge 2/3 der Hk.
- 1958 / C. F. Coleman

② *Narcissus* 'Lemon Heart'
- Mittel bis spät
- Hk. weiß, an der Basis zart gelb, Nk. cremefarben, im Randbereich gelb überhaucht, w-w
- Niedrige Sorte / –
- Bis zu 4 Blüten pro Stiel, eiförmige Blütenblätter, bis zur Hälfte überlappend, etwas zurückgebogen; Nk. breit becherförmig, glatt, am Rand leicht gewellt, etwa gleich lang wie die Blütenblätter
- Vor 1952 / Barr and Sons

③ *Narcissus* 'Stint'
- Mittel bis spät
- Zitronengelbe Hk., Nk. etwas dunkler, y-y
- Mittelhohe Sorte, 30 cm / –
- 2–3 Blüten pro Stiel, Hk. perfekt eiförmig, etwas überlappend und zurückgebogen, glatte, becherförmige Nk., AGM 2003
- 1970 / Grant E. Mitsch

④ *Narcissus* 'Lapwing'
- Mittel
- Reinweiße Blüte, Nk. zitronengelb, w-y
- Mittelhohe Sorte / große Blüte (8 cm)
- 1–2 Blüten pro Stiel, schöner Farbkontrast; leicht zurückgebogene Hk. mit fester Substanz, Nk. becherförmig, ganz leicht gerüscht, Länge etwa 2/3 der Hk.
- 1975 / Grant E. Mitsch

⑤ *Narcissus* 'Hawera' (Engelstränen-Narzisse, Kl. 5)
- Spät
- Kanariengelbe Hk., Nk. etwas heller, y-y
- Niedrige Miniatursorte / –
- Sternförmige Hk. mit weit zurückgeschlagenen Blütenblättern, becherförmige, glattrandige Nk., großblumig
- Vor 1928 / Dr. William M. Thomson

Die Tränen der Engel

Alpenveilchen-Narzissen für jeden Geschmack

Von den Alpenveilchen, botanisch *Cyclamen*, haben diese Wildnarzissen ihren Namen. Genauso wie diese zeichnet sich die Klasse durch deutlich zurückgeschlagene Hauptkronblätter aus. Bei der Stammform *Narcissus cyclamineus* (Klasse 6) sind sie ganz straff nach hinten gebogen und stehen der zylinderförmigen Nebenkrone genau gegenüber. Das Laub ist gekielt und schmal-linealisch, die Blütenstiele sind fast rund. Die Art tritt wild in Spanien und Portugal auf. Sie ist bei uns ganz winterhart und liebt im Frühjahr einen frischen bis feuchten Standort, der auch im Sommer nicht lange austrocknen darf.

Alpenveilchen-Narzissen blühen früh: Die bekannte, hohe aber zierliche 'February Gold' gehört zu den ersten Topfnarzissen in den Blumengeschäften und im Garten. Lange galt die wenig frostharte, mehrblütige 'Tête-à-Tête' als Alpenveilchen-Narzisse. Inzwischen ist diese der Klasse 12 zugeordnet. Die Stammform blüht gelb; weiße *Cyclamineus*-Hybriden gibt es erst seit Colemanns 'Jenny' von 1943. 'February Silver' ist eine schöne Sorte mit cremeweißer Haupt- und blassgelber Nebenkrone. Auch gelb-weiße, gelb-orange, gelb-rote und orange-rote Sorten sind im Handel. Zweifarbige Sorten der Farbklasse Gelb-Rosa und Weiß-Rot fehlen völlig.

Durch Kreuzungen mit verschiedenen Spezies, darunter Trompetennarzissen, sind viele neue Sorten entstanden, die kräftig wachsen, aber auch die eindeutigen Merkmale der Wildart vermissen lassen. Die Hauptkronblätter werden breiter und sind nicht mehr so weit zurückgeschlagen wie bei der Wildart. Auch die Nebenkrone kann bisweilen tassen- und becherförmig ausgebildet sein. Der graziöse Stil der Wildform droht hier verloren zu gehen.

Narcissus **'Wisley'**
- Früh bis mittel
- Weiß mit hellgelber Einfärbung an der Basis, Nk. leuchtend gelb, w-y
- Für Alpenveilchen-Narzissen recht hohe Sorte (30 cm) / große Blüten
- AGM 2007, neuere Sorte aus Kreuzung mit *N. cyclamineus* 'Peeping Tom' entstanden, Hk. mit deutlicher Mittelrippe, schmal-eiförmig, zu 1/3 überlappend, zurückgebogen; lange Nk., am Rand aufgeklappt und eingekerbt, gewellt
- 2004 / Karel J. van der Veek

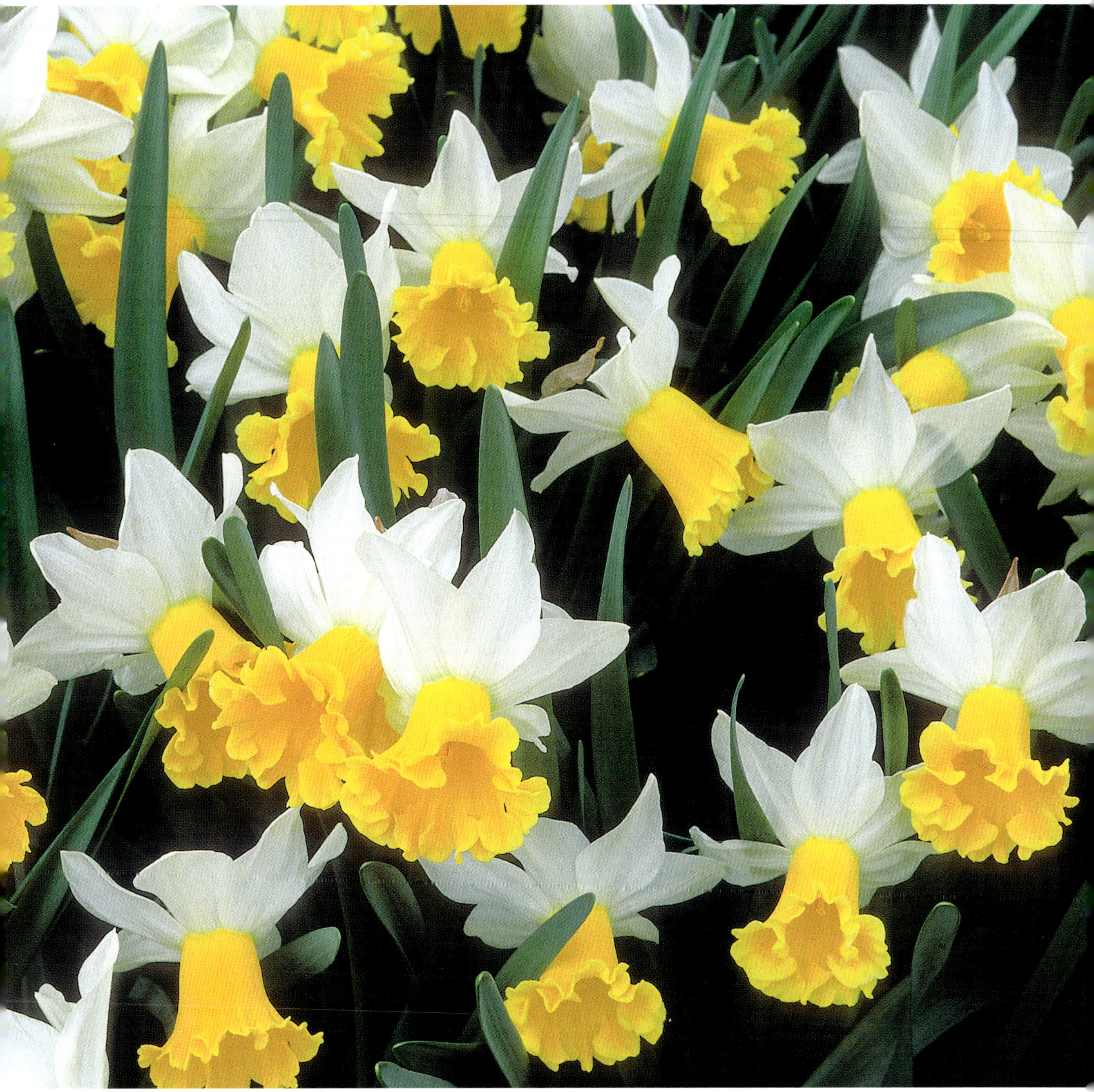

① ②

① **Narcissus 'Wheatear'**
- 🕑 Früh bis mittel
- ✱ Gelbe Hk. mit weißlicher Basis; Nk. öffnet gelb und hellt zu Weiß auf, mit etwas gelber Färbung am Rand, y-wwy
- ↕ Niedrige Sorte / große Blüte (10 cm)
- 🌿 Fast einzeln stehende schmal-eiförmige Hk.; Nk. zylindrisch, Blütensaum leicht aufgebogen, eingekerbt und leicht gewellt
- ✎ 1976 / Grant E. Mitsch

② + ⑤ **Narcissus 'Peeping Tom'**
- 🕑 Früh
- ✱ Kräftiges Gelb, y-y
- ↕ Für Alpenveilchen-Narzissen recht hohe Sorte (35 cm) / –
- 🌿 Wertvolle Gartensorte, mehrfach ausgezeichnet, sternförmige Hk., Blütenblätter nur wenig zurückgeneigt; Nk. sehr lang, schmal-zylindrisch mit gesägtem Blütensaum
- ✎ Vor 1948 / D. Williams

③ **Narcissus 'Warbler'**
- 🕑 Mittel
- ✱ Tiefgelb, an der Basis grün getönt, Nk. dunkler gefärbt, y-y
- ↕ Mittelhohe Sorte / 7 cm
- 🌿 AGM 2008, weit zurückgebogene, halb überlappende Hk. mit gewelltem Rand; Nk. kräftige Trompete mit locker gerüschtem Saum
- ✎ 1984 / Grant E. Mitsch

④ **Narcissus 'Little Princess'**
- 🕑 Spät
- ✱ Reinweiße Hk. mit pinkfarbener Nebenkrone, w-p
- ↕ Niedrige Sorte / 8,5 cm
- 🌿 Blätter der Hk. von seidiger Substanz, zu 2/3 überlappend mit abgerundeten Spitzen, nur leicht zurückgebogen; Nk. becherförmig mit gewelltem Rand, etwa 1/3 der Blütenblatt-Länge
- ✎ 1978 / H. K. Richardson

⑥ **Narcissus 'Jetfire'**
- 🕑 Früh
- ✱ Goldfarbene Blütenblätter und tieforange Nk., y-o
- ↕ Mittelhohe Sorte, 25 cm / –
- 🌿 Mehrfach ausgezeichnete Sorte aus den USA, reichblütig, Blütenblätter zurückgebogen, eiförmig; Nk. trompetenförmig, am Rand leicht vergrößert und regelmäßig gekerbt; leicht duftend, gut im vorderen Bereich eines Beets
- ✎ 1966 / Grant E. Mitsch

Alpenveilchen-Narzissen für jeden Geschmack

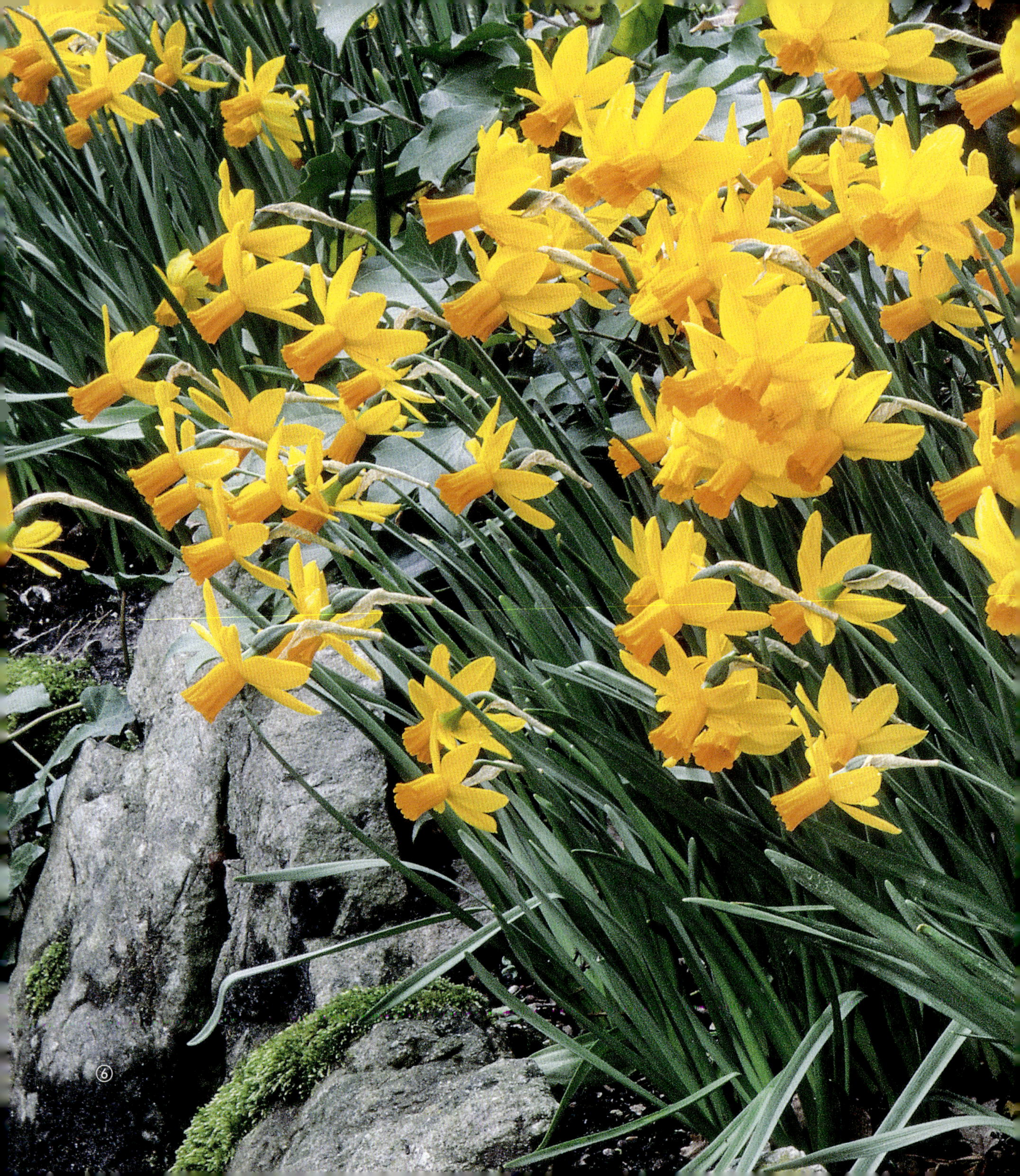
⑥

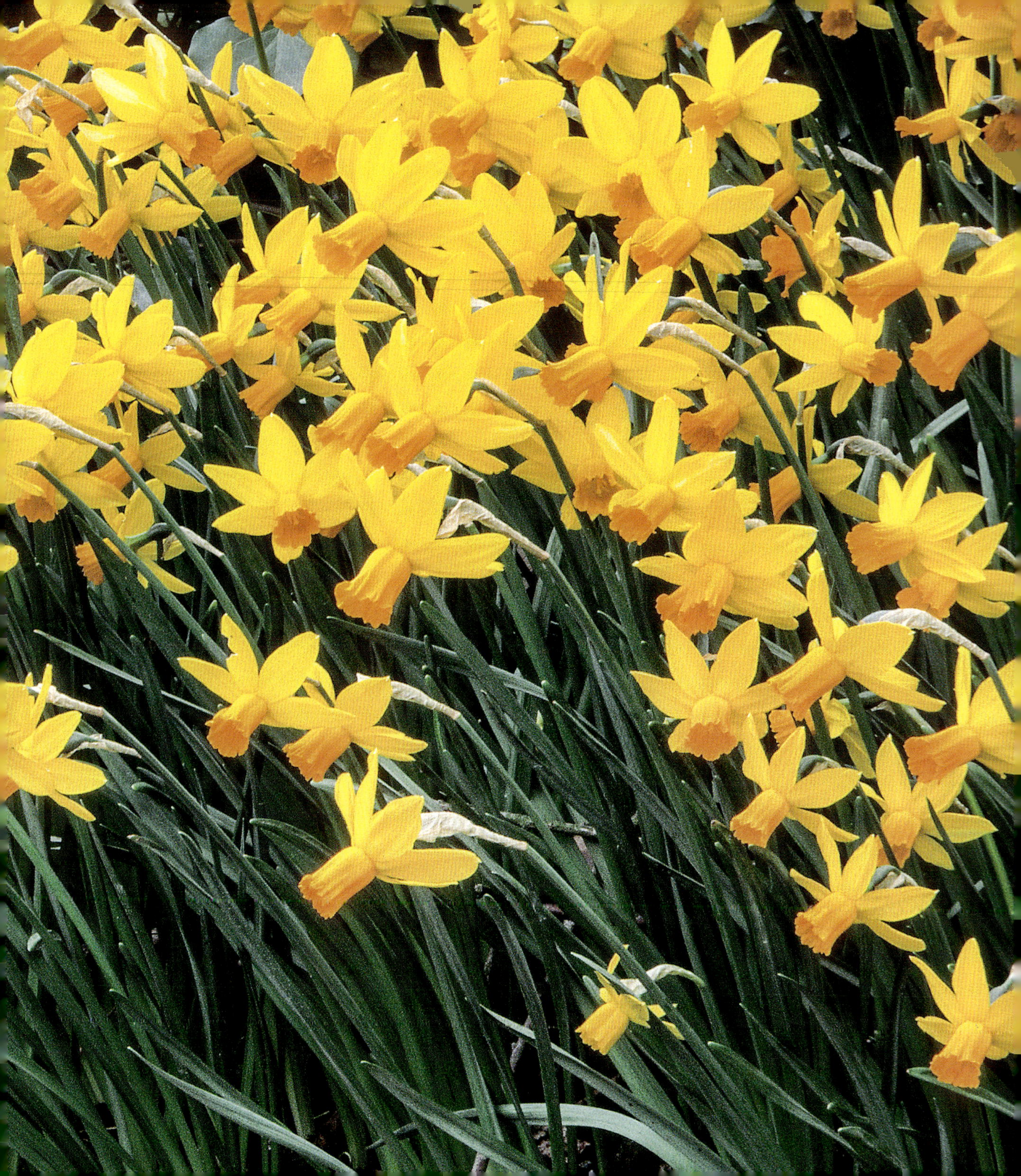

Vielblütige Duftschönheiten

Von ihrem fast runden, binsenartigen Laub *(Juncus)* hat diese Klasse ihren Namen. Zwischen zwei und sechs Blüten trägt ein Blütenstängel, wobei die Einzelblüte auf einem, im Vergleich zu anderen Arten deutlich verlängerten Blütenstiel sitzt. Die Hauptkron-Segmente sind eiförmig, aber überlappen sich kaum und stehen waagerecht zur tassenförmigen oder trichterförmigen, kurzen Nebenkrone. Ihr angenehmer, an Orangen erinnernder Duft macht die Jonquille (Klasse 7) so beliebt. Sie ist als Schnittblume sehr geschätzt. Die Art und ihre Abkömmlinge lieben einen warmen, im Sommer sehr trockenen Standort. Dann sind die Pflanzen aus dem Mittelmeerraum auch bei uns hart und ausdauernd. Die Wildform tritt in Südfrankreich, Italien, Dalmatien und Südspanien auf. Niedrige Sorten, wie 'Sun Disc', 'New Baby' und die etwas höhere 'Sailboat' sind deshalb im Steingarten gut aufgehoben. Die mittleren und hohen Sorten passen gut in moderne Kies- und Präriepflanzungen, wo sie im Sommer »ausbacken« können. Die Hauptblütezeit der Jonquillen-Hybriden ist der April, einige blühen schon im März, andere erst im Mai.

In England und den USA sind Jonquillen sehr beliebt, dort entstanden auch die meisten Sorten. Neben den lange bekannten gelben Sorten gibt es inzwischen einige weiße, weiß-rosa und weiß-gelbe Sorten. Auch gelb-orange Blüten sind vorhanden, allerdings sind diese älteren Sorten nicht ganz sonnenfest. Etwas Besonderes bietet die reichblühende Miniatursorte 'New Baby': Das Zitronengelb der kurzen Nebenkrone setzt sich im Randbereich der Hauptkronblätter weiter fort, im Mittelstreifen und oberen Teil der Blütenblätter sind die kleinen langgestielten Blüten grünlich-weiß.

***Narcissus* 'Martinette'**
- Früh bis mittel
- Zitronengelb mit blassem Orange an der Basis, Nk. leuchtend orange, y-o
- Mittelhohe Sorte, 30 cm/–
- Recht neue Sorte aus den USA, 4–5 kleine Blüten an jedem Stängel, weit überlappende rundliche Blütenblätter, Nk. becherförmig, gerippt mit wellenförmigem Rand, angenehmer Duft, gute Gartensorte
- 1985 / Harry I. Tuggle jr.

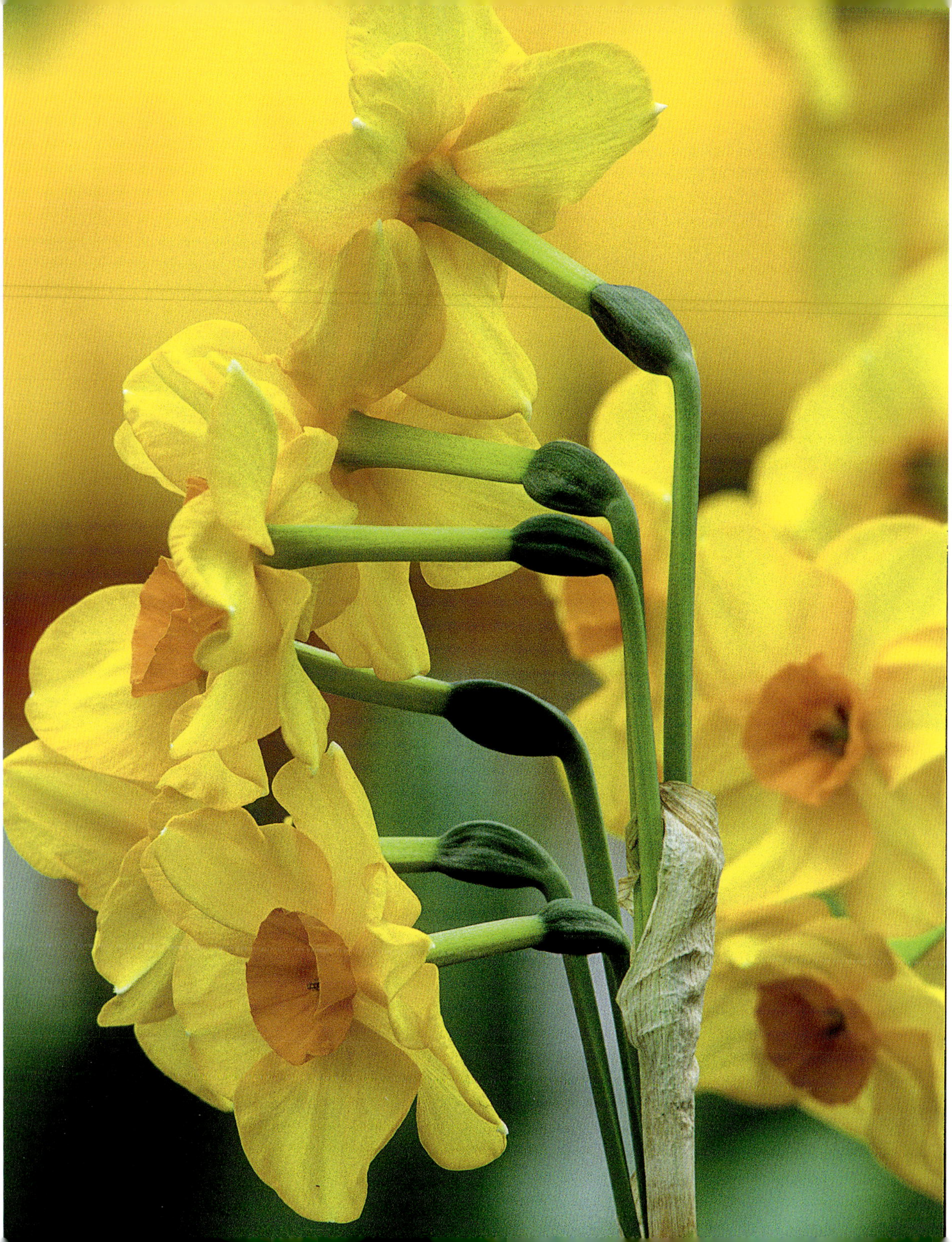

① **Narcissus 'Sundial'**
- 🕐 Mittel
- ❋ Helles Gelb, Nk. dunkler getönt, y-y
- ↕ Niedrige Miniatursorte / 3,5 cm
- ✎ Meist zweiblütig, Blütenblätter der Hk. breit eiförmig mit leicht eingebogenen Rändern; Nk. ganz flach, schüsselförmig, gerippt mit welligem Rand
- ✐ 1955 / Alec Gray

② **Narcissus 'Suzy'**
- 🕐 Mittel bis spät
- ❋ Hellgelbe Blütenhülle mit orangefarbener Nebenkrone, y-o
- ↕ Mittelhohe Sorte / –
- ✎ Duftende Neuseeland-Sorte, mehrfach ausgezeichnet, mit 2–4 Blüten pro Stiel, Blütenblätter der Hk. eiförmig, ein Drittel überlappend, die inneren Segmente schmaler; Nk. flach schalenförmig, mehr oder weniger gerippt oder eingekerbt
- ✐ Vor 1954 / R.V. Favell

③ **Narcissus 'Dickcissel'**
- 🕐 Spät
- ❋ Dunkelzitronengelb mit weißer Basis; Nk. öffnet gelb, zu cremeweiß ausbleichend, y-w
- ↕ Mittelhohe Sorte / 7 cm
- ✎ AGM 2002, 2–3 Blüten pro Stiel, schmal eiförmige Blütenblätter mit welligem Rand, Nk. becherförmig, etwa ½ der Blütenblätter, Saum unregelmäßig gewellt
- ✐ 1963 / Grant E. Mitsch

④ **Narcissus 'Sailboat'**
- 🕐 Mittel bis spät
- ❋ Weiße Hk., Nk. cremegelb, die bis zum Ende der Blütezeit in Reinweiß übergeht, w-w
- ↕ Halbhohe Sorte / 6 cm
- ✎ AGM 2006, 2–3 Blüten pro Stiel, wegen der zurückgebogenen Blütenblätter an N. cyclamineus erinnernd, Hk. sternförmig, etwas überlappend, spitz zulaufend oder abgerundet; kleine becherförmige Nk., duftend
- ✐ 1980 / William G. Pannill

Vielblütige Duftschönheiten

Beliebt seit dem Altertum

Die zweifarbigen Tazetten (Klasse 8) sind die ältesten in Kultur befindlichen und am frühesten züchterisch bearbeiteten Narzissen. Sie sind sehr weit in der Natur verbreitet, nicht nur im Mittelmeerraum. Auch im Iran und Kaschmir, in China und Japan wachsen wilde Tazetten, vermutlich durch seefahrende Portugiesen verbreitet. Vor 150 Jahren gab es noch über 100 Sorten, sie sind aber von den großblumigen Gartennarzissen weitgehend verdrängt worden. Die Züchter haben sich seit den 1930er Jahren nur selten mit diesen Narzissen beschäftigt. Erst in letzter Zeit kamen wieder neue Sorten auf den Markt. 1986 wurde die erste Rosakronige vorgestellt. Sogenannte echte Tazetten wie 'Grand Monarque' und 'Grand Soleil d'Or' eignen sich nicht für die Freilandkultur in Mitteleuropa, da sie nicht winterhart sind. Bis zu 15 duftende Blüten sitzen an langen Blütenstielen auf etwa 35 Zentimeter langen Stängeln. Sie sind beliebte Schnittblumen und lassen sich als Weihnachtstazetten treiben. Dazu gehört auch *N. tazetta* 'Totus Albus' beziehungsweise die englische 'Paperwhite'-Narzisse. In unseren Gartenkatalogen sind vor allem Kreuzungen mit der Dichternarzisse *N. poeticus* vertreten, die leidlich winterhart sind. Sie gehören heute zu *N. × medio-luteus*, werden aber oft noch als Poetaz-Hybriden in den Katalogen geführt. Die meisten Sorten sind klein- und vielblütig. Haben sie mehr Poeticus-Anteile sind sie nur zwei- oder dreiblumig, dafür mit einer größeren Einzelblüte.

Zweifarbige weiß-gelbe und weiß-orange Sorten überwiegen im Sortiment. Reingelbe fehlen ganz, Dafür gibt es einige Gelbe-Orange und Gelb-Orangerote. Über 40 Jahre gab es nur eine einzige halbwegs winterharte, rein weiße Gartentazette: 'Silver Chimes' (Silberglöckchen) mit sechs und mehr Einzelblüten, spät blühend und duftend.

② *Narcissus* 'Avalanche' (Kl. 8)
- Früh bis mittel
- Reinweiße Hk.- und hellgelbe Nk., w-y
- Hohe Sorte / Einzelblüte 3,5 cm
- Mehrblütige, stark duftende Tazette mit kräftigen Stielen
- Gefunden auf den Scilly-Inseln

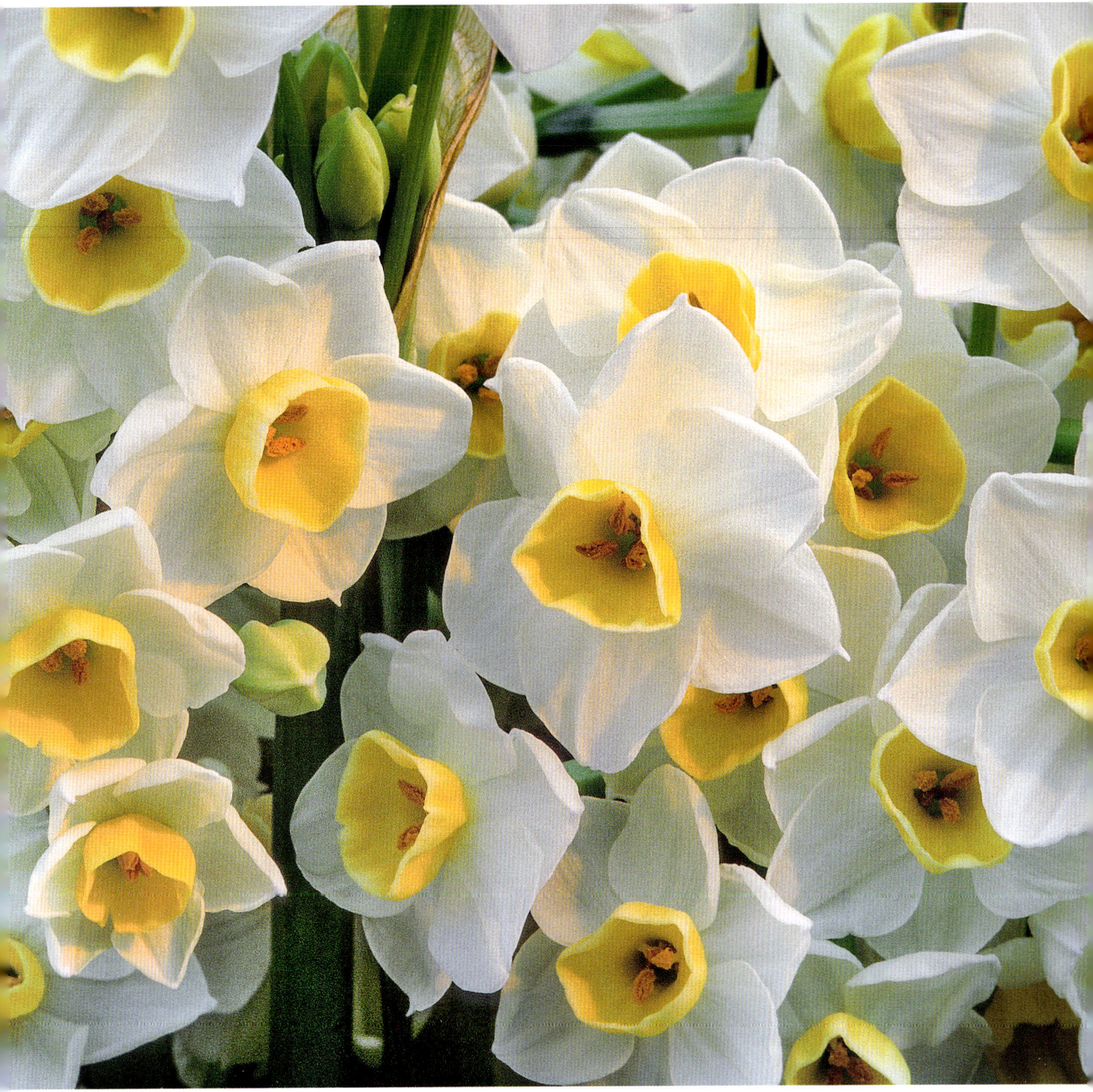

① *Narcissus* **'Falconet'**
- 🕐 Mittel
- ❋ Tiefgelbe Einzelblüte mit orangeroter Nk., y-r
- ↕ Mittelhohe Sorte / 4 cm
- ✥ 3–5 Blüten pro Stiel, Hk.-Blätter weit überlappend, spitz zulaufend, am Rand ein wenig eingedreht; Nk. flache Schale mit unregelmäßig gewelltem Saum, AGM 1998
- ✎ 1979 / Grant E. Mitsch

② *Narcissus* **'Geranium'**
- 🕐 Mittel bis spät
- ❋ Weiße Blütenblätter mit oranger Nebenkrone, w-o
- ↕ Hohe Sorte / 5,5 cm
- ✥ Mehrfach ausgezeichnet, bis zu 6 Blüten pro Stiel, Blütenblätter zur Hälfte überlappend, meist mit deutlicher Mittelrippe, nach innen gebogen; Nk. klein, becherförmig, ungleichmäßig gerüscht und am Rand eingekerbt
- ✎ Vor 1930 / J. B. van der Schoot

③ **_Narcissus_ 'L'Innocence'**
- ⏲ Mittel
- ✤ Reinweiße Blütenblätter, Nk. leuchtend gelb, w-y
- ↑ Niedrige Sorte / –
- 🌿 Aus einer Kreuzung mit der Dichternarzisse entstanden; 4–5 Blüten pro Stiel, runde Krone mit breit überlappenden Blütenblättern, mehr oder weniger stark gewellt; kleine tassenförmige Nk.
- ✎ Vor 1930 / C. P. Alkemade

④ **_Narcissus_ 'Canaliculatus'**
- ⏲ Mittel bis spät
- ✤ Weiße Blütenblätter mit gold- oder dunkelgelber Krone, w-y
- ↑ Miniatursorte / –
- 🌿 Mehrere Einzelblüten pro Stiel, breite eiförmige Blütenblätter, meist spitz auslaufend und etwas zurückgebogen; Nk. becherförmig, fast glattrandig
- ✎ Vor 1915 / Barr and Sons

Die Blume der Dichter

Altgriechische Dichter wie Homer und Anakreon priesen den lieblichen Duft und die ausgewogene Form ihrer Blüten. Dies und ihr weites Verbreitungsgebiet im ganzen Mittelmeerraum haben zur Bekanntheit von *Narcissus poeticus*, der Dichternarzisse (Klasse 9), beigetragen.

Den Züchtern bleibt bei diesen beliebten Narzissen nur wenig Spielraum für ihre schöpferische Arbeit, denn nach den »deutlichen Charakteristika der Dichternarzissen« dürfen die Sorten nur eine duftende Blüte pro Stängel tragen und müssen eine schneeweiße Hauptkrone und eine rot gerandete kleine, flache Nebenkrone (Napf) haben. Es werden heute drei Gruppen von Gartenhybriden unterschieden: Sorten mit gelber, scharf gerandeter Nebenkrone, solche mit oranger Nebenkrone, die zum roten Saum dunkler wird, und Sorten mit besonders großen, grün gerandetem Auge.

Die Größe und Form der Hauptkron-Segmente unterscheiden sich bisweilen. Typisch für Dichternarzissen ist das Aussehen der Zwiebeln, sie sind hell mit einem länglichen Hals.

Die Abgrenzung zu den Narzissen der Klasse 3 mit weißer Hauptkrone und rot gerandeter Nebenkrone ist oft schwierig. Alle Dichternarzissen werden über 40 cm hoch und blühen in Mitteleuropa von Anfang bis Ende Mai.

Fast alle bedeutenden Züchter haben sich auch an Dichternarzissen versucht. Vor allem der englische Hobby-Züchter G. Engleheart hat angeblich über 100 Sorten registrieren lassen. Seine Sorten 'Ace of Diamond', 'Horace' und 'Dactyl' sind heute noch im Handel. Trotzdem ist die Anzahl der angebotenen Sorten überschaubar.

'Actaea' ist die wohl bekannteste Sorte. Sie entstand in den 1920er Jahren in den Niederlanden. Sie duftet, blüht reich und eignet sich sehr gut zur Verwilderung und zur Pflanzung auf Wiesen.

Narcissus 'Queen of Narcissi'
- Mittel bis spät
- Silberweiße Blüte mit gelber Basis; kräftig gelb mit breitem orangenem Rand, w-yyo
- Mittelhohe Sorte / –
- Sehr breite, fast quadratische Blütenblätter, bis zur Hälfte überlappend und etwas eingebogen; Nk. dicht gerippt und gerüscht, von manchen Autoren zur Klasse 3 gestellt, Synonym: *N.* 'Cottage Maid'
- Vor 1939 / G. Lubbe and Son

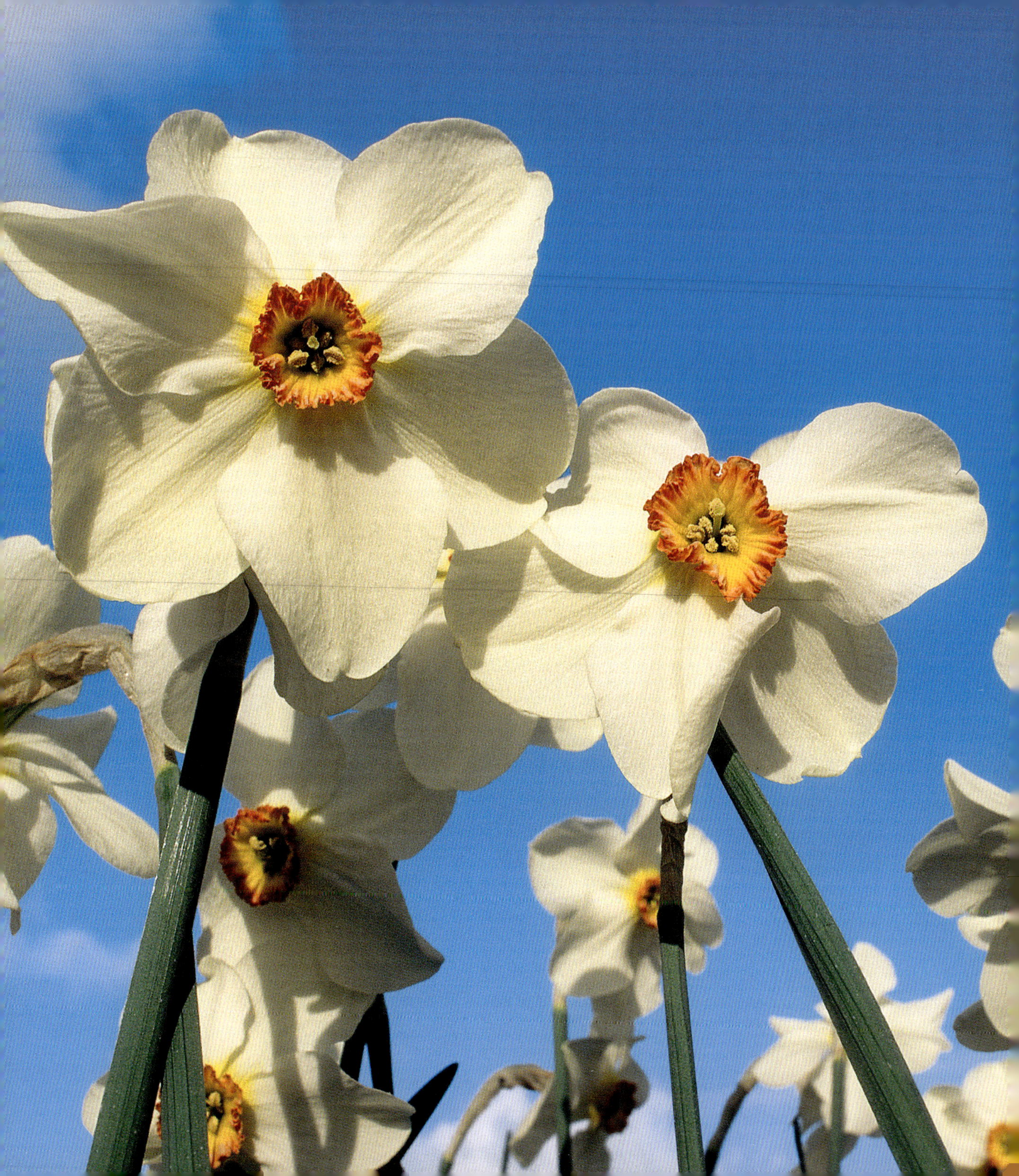

① + ③ + ④ *Narcissus* '**Actaea**'
- 🕐 Spät
- ❋ Reinweiße Blütenblätter, Nk. gelb, grünlichgelb an der Basis und orangeroter Rand, w-yyr
- ↑ Hohe Sorte / 8,5 cm
- ✋ Weit verbreitete Sorte, seit fast 100 Jahren immer wieder ausgezeichnet, gut zur Verwilderung geeignet, kleine Nk. flach und dicht gerippt, duftend
- ✎ Vor 1919 / G. Lubbe and Son

② *Narcissus* '**Milan**'
- 🕐 Spät
- ❋ Weiß mit leuchtend gelber Nk. grünes Auge und rotorange am Rand, w-gyr
- ↑ Hohe Sorte / gut 8 cm breit
- ✋ Sehr breite Blütenblätter, abgerundet und etwas uneben, manchmal entlang der Mittelrippe gefaltet; fast scheibenförmige Nk., dicht gerippt und wellenförmig, rot gefärbter Rand, scharf abgesetzt
- ✎ Vor 1932 / A. M. Wilson

③

④

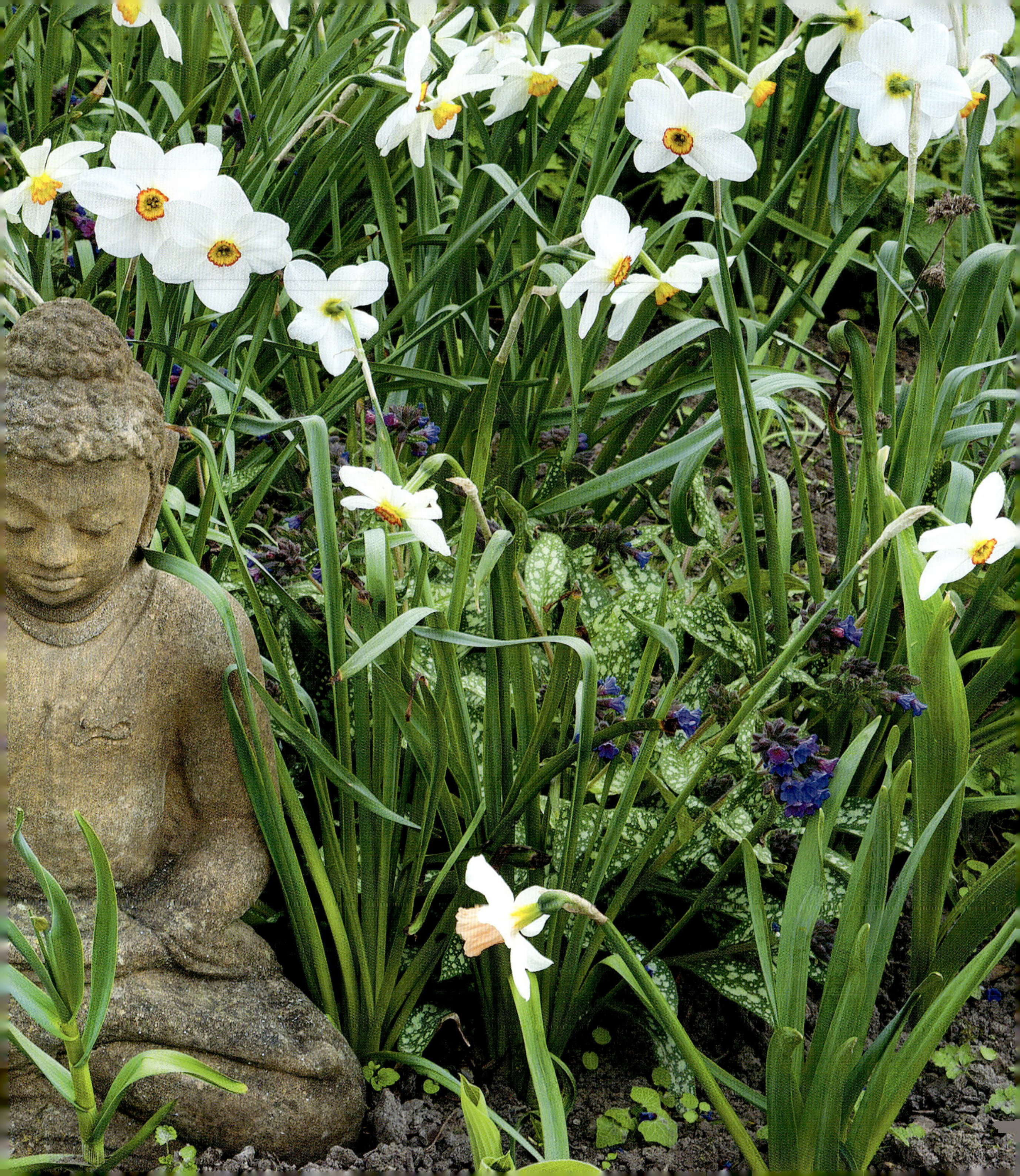

Die Blume mit dem Petticoat

Gut aufgehoben sind Reifrocknarzissen *(Narcissus bulbocodium,* Klasse 10) im Alpinum, wo auf ihre besonderen Kulturbedingungen eingegangen werden kann. Sie wünschen sich einen sonnigen Standort, humusreiche Erde und viel Feuchtigkeit während des Wachstums im Frühjahr. Im Sommer und Herbst dagegen müssen die Zwiebeln recht trocken und warm stehen, damit sie ausreifen können. Was sie nicht vertragen, ist stauende Nässe, darum sollte immer für einen guten Wasserabzug gesorgt sein. Liebhaber decken die Pflanzen vorsorglich im Winter mit Folie oder Glasscherben ab.

Ihren Namen haben sie von der großen Nebenkrone, die wie ein breiter Trichter aussieht und an den englischen Petticoat erinnert. Im Unterschied zu fast allen anderen Narzissen sind die Hauptkronblätter eher unscheinbar kurz und schmal und damit vergleichsweise unbedeutend. Auch die Stellung und Form der Staubblätter unterscheidet sie von anderen Narzissen. Das Laub ragt deutlich über die Blüten hinaus, aber da nur schmale, grasartige Blätter hervorgebracht werden, ist dies kein großer Nachteil.

Von sattem Gelb über Zitronengelb bis Weiß reicht das Farbspiel der Reifrocknarzisse, aber immer ist die Farbe der Haupt- und Nebenkrone gleich. Manchmal ist die Außenseite der großen Nebenkrone grünlich gefärbt.

Die Art und ihre Varietäten sind im Laufe der Zeit mehrfach umbenannt worden. Anfang des 19. Jahrhunderts wurden sie sogar wegen der Unterschiede zu anderen Narzissen in die eigene Gattung *Corbularia* gestellt. Die neueste Umstellung der Narzissenklassen hatte auch eine Änderung bei der Einteilung der Reifrocknarzissen zur Folge. Waren die Reifrocknarzissen bislang den Wildnarzissen und Naturhybriden zugerechnet, sind sie nun allein in die Klasse 10 eingeordnet.

Die Art ist in Nord- und Zentralportugal, in Asturien und in Marokko zu finden, stellenweise auch in Südfrankreich. Wegen der großen Verbreitung ist auch die Blütezeit sehr unterschiedlich, sie reicht von November in Nordafrika bis Juli in den Höhenlagen der Pyrenäen.

Die Gartensorten blühen in der Regel im April.

Narcissus 'Golden Bells'
- 🕐 Spät
- ✽ Dunkelgelb, y-y
- ↑ Niedrige 25 cm hohe Auslese (Miniaturnarzisse) / großblumig
- ✿ 5–10 und mehr nach oben gerichtete Blüten pro Zwiebel, kleine Hk.-Blätter alleinstehend und schmal, etwas eingedreht; sehr große trichterförmige Nk., leicht gewellt, mit glattem Rand
- ✍ 1995 / Tesselaar Group (Australien)

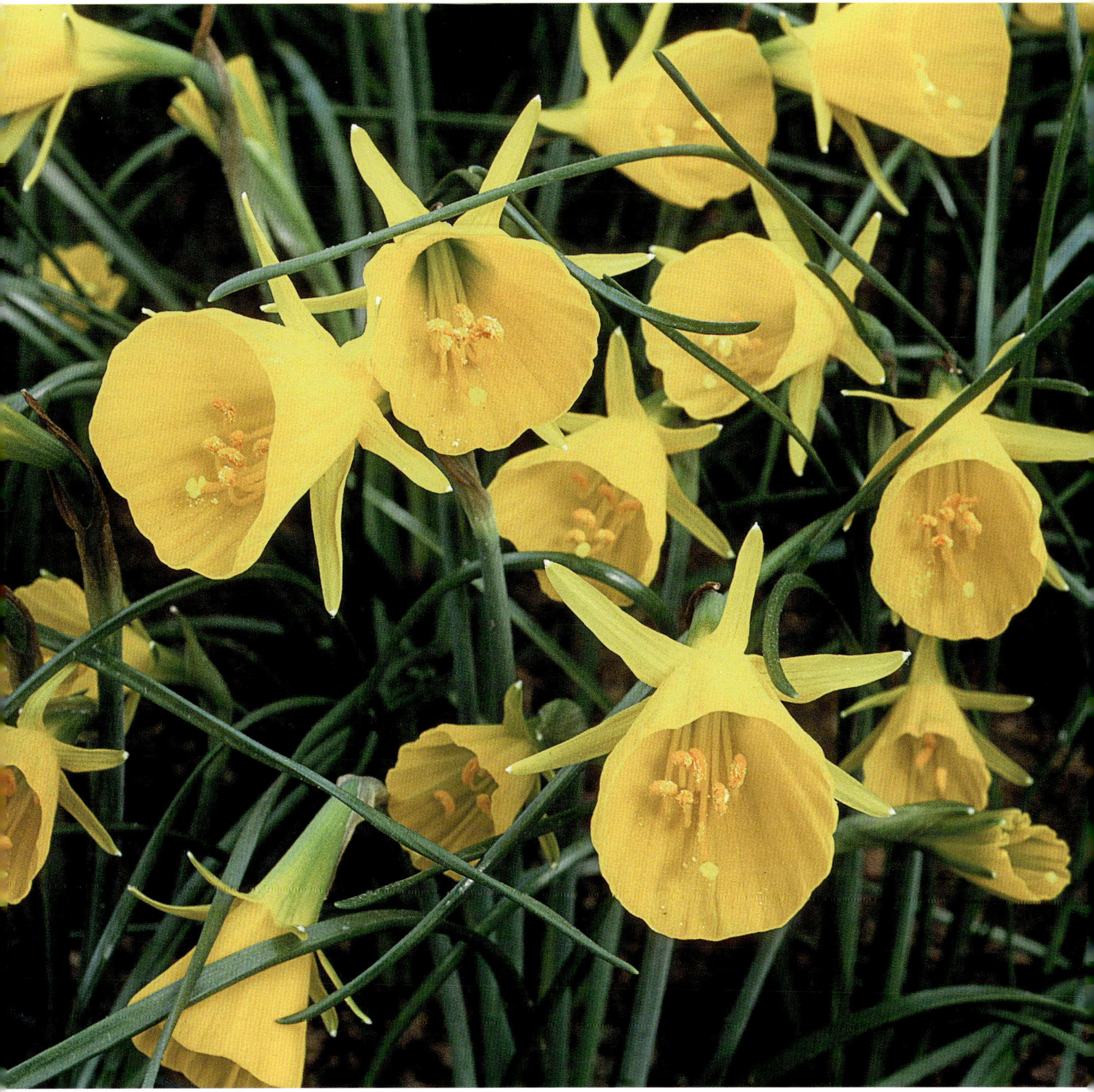

Narcissus **'Kenellis'**
- 🕐 Früh bis mittel
- ✶ Weiße Reifrocknarzisse, Nk. im Öffnen leuchtendes Grünlichgelb, das in Weiß übergeht, w-y
- ↑ Niedrige Sorte / knapp 6 cm
- 🌿 Für *N. bulbocodium* relativ große, sternförmige Hk., nur wenig überlappend, Nk. schmal trichterförmig, wellig mit fein gekerbtem Rand
- ✎ Vor 1948 / Alec Gray

***Narcissus* 'Reifrock'**

- 🕐 Mittel, in Hochlagen später, im warmen Lagen früher
- ❋ Grünlichgelbe Hk.-Blätter; goldgelbe Nk., y-y
- ↑ Niedrige Sorte / –
- 🌿 Die Blütenblätter der Hk. sind bei der Wildform der Reifrocknarzisse klein und schmal, allein stehend und ohne Überlappung; trichterförmige Nk.; das Laub der Pflanze überragt die Blüten
- ✎ Erste Veröffentlichung 1753 durch Carl von Linné

Geschlitzt ist schick

Von »Monstrositäten« war 1960 in England die Rede, als es um die neuen Narzissen ging, die mit ihrer tief eingeschnittenen und weit aufgeklappten, der Hauptkrone aufliegenden Nebenkrone nur noch wenig mit der klassischen Narzisse zu tun hatten. Diese Ansicht teilten die Niederländer, die USA und die Narzissenländer der Südhalbkugel wie Australien und Neuseeland nicht. Dort gehörten niederländische Split-Coronas (Klasse 11) schnell zum Standartsortiment. Die geschlitztkronigen Narzissen oder auch Spaltkronen-Narzissen lassen sich in zwei Gruppen einteilen. Bei den Kragen- oder Halskrausen-Narzissen sind die Segmente der Nebenkrone in zwei dreizähligen Wirteln gegenständig zu den Segmenten der Hauptkrone angeordnet. Bei den Orchideennarzissen sind die Segmente der Nebenkrone in einem sechszähligen Wirtel wechselständig zu den Segmenten der Hauptkrone angeordnet.

Vor allem der niederländische Züchter L. Gerritsen hat viele der heutigen Narzissen dieser Klasse gezüchtet. Sein Kollege J. W. A. Lefeber war ebenso rührig auf diesem Gebiet.

Entstanden sind sie Anfang des 19. Jahrhunderts durch die Mutation einer Trompetennarzisse mit bis zur Basis gespaltener Nebenkrone. Viele Jahre der Züchtung führten schließlich zur heutigen Formen- und Farbvielfalt, die inzwischen nahezu alle typischen Farbkombinationen abdeckt, die bei Narzissen vorkommen. Die Farben treten auch als Flecken oder Streifen auf, was sie in den Augen mancher Zeitgenossen noch mehr als »neumodische Erfindung« erscheinen lässt. Sie sind aber auch ein Zeugnis für die Unermüdlichkeit der Züchter, denen etwas völlig Neues gelungen ist. Letzter Beweis: Dem englischen Hobbyzücher R. Brook gelang vor einigen Jahren ein Verkaufsschlager mit der Split-Engelstränen-Narzisse 'Tripartite', der ersten mehrblütigen Split-Corona-Narzisse mit bis zu drei mittelgroßen, kräftig-gelben Blüten.

Narcissus 'Centanées'
- Früh bis mittel
- Im unteren Teil hellgelb, oben weißlich; Nk. kräftig orange, y-o
- Mittelhohe Sorte / –
- Rundliche Krone mit breit eiförmigen Blütenblättern, Nk. gut 2/3 der Hk., eingeschnittene und etwa 1/3 überlappende wellige Segmente, unregelmäßig gefaltet
- 1984 / J. Gerritsen and Son

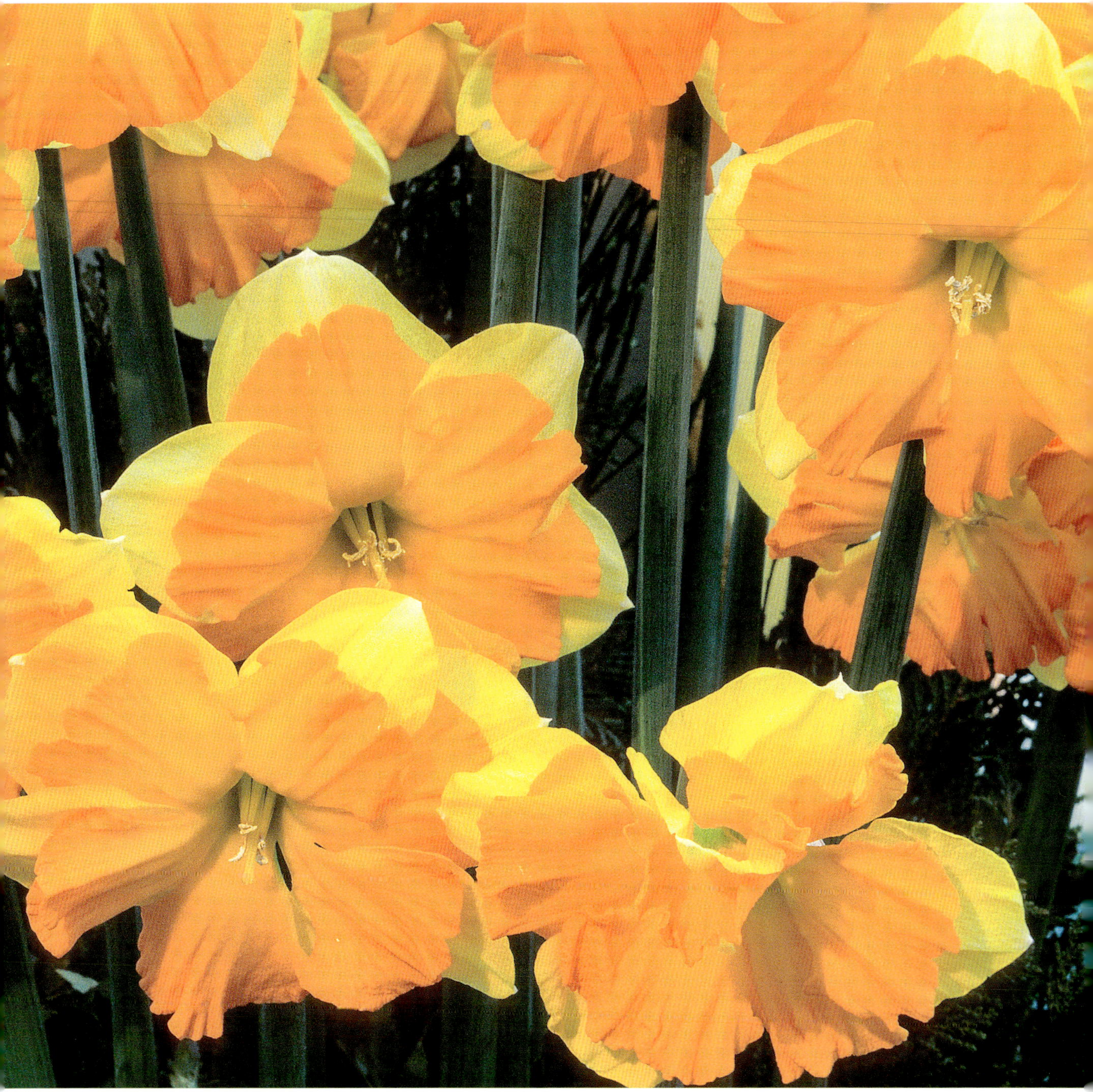

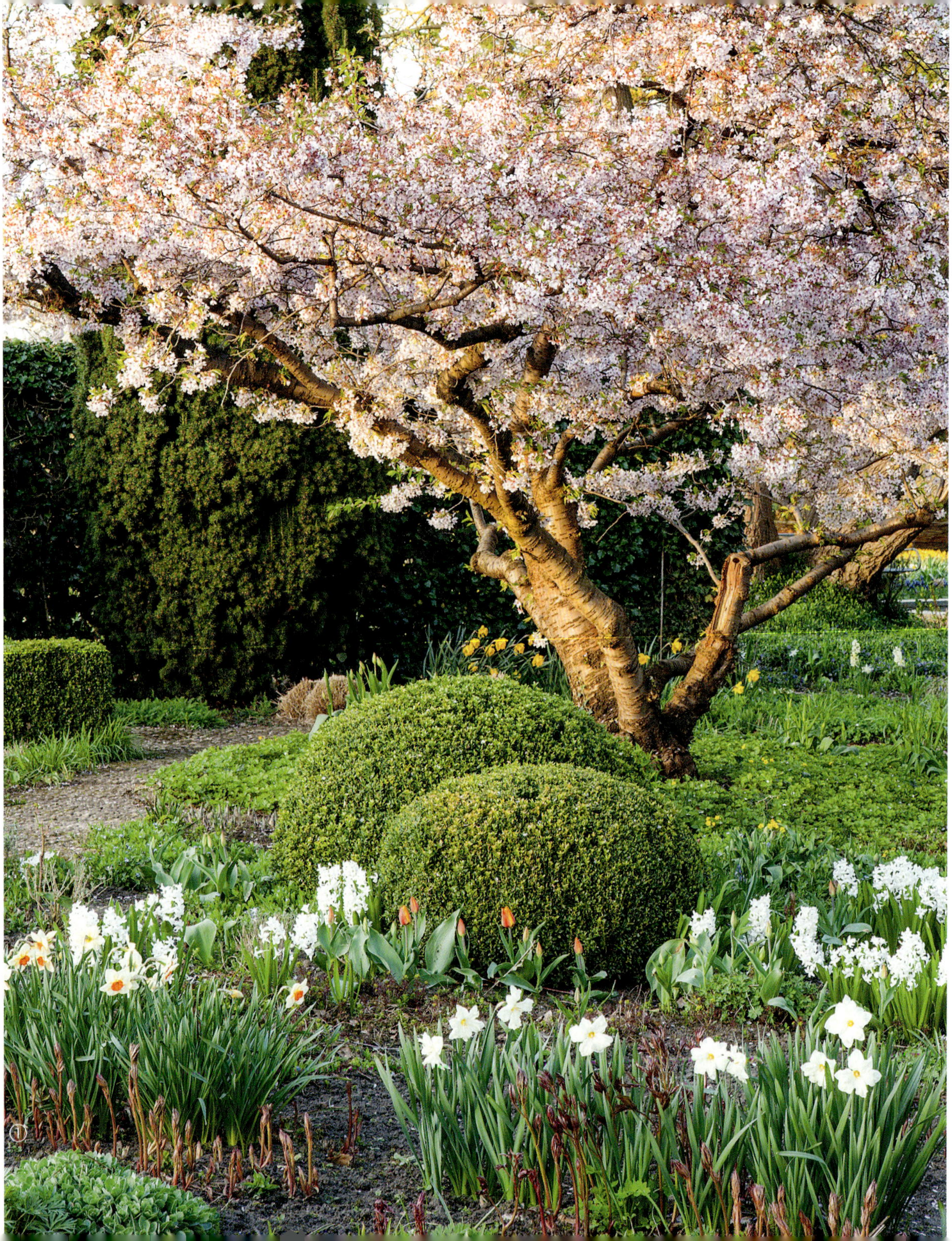
1

linke Seite *Split-Corona-Narzisse 'Cassata' zwischen austreibenden Pfingstrosen unter der Frühlings-Zierkirsche* Prunus × yedoensis.
rechts Narcissus ´Walz´

① ***Narcissus* 'Cassata'**
- 🕓 Früh bis mittel
- ✳ Grünlichweiße Hk.; Nk. öffnet grünlichgelb mit etwas hellerem Ton im Saumbereich, später weiß, w-w
- ↕ Mittelhohe Sorte / große Blüte (10 cm).
- ✍ Sternförmige Blüte, mit leicht glatten, spitzen Hk.-Blättern, die Nk. ist tief eingeschnitten, die Segmente liegen fast deckungsgleich über den Hk.-Blättern, unregelmäßig gewellt und gerüscht
- ✎ 1963 / J. Gerritsen and Son

② ***Narcissus* 'Parisienne' (Split Corona, Kl. 11)**
- 🕓 Mittel bis spät
- ✳ Rahmweißer Kranz mit oranger Nk., w-o
- ↕ Hohe Sorte / 10 cm
- ✍ Hk. dicht überlappend mit etwas unregelmäßigem Rand, Nk. aufliegend, tief eingeschnitten mit gewelltem Rand
- ✎ 1961 / J. Gerritsen

③ ***Narcissus* 'Apple Pie'**
- 🕓 Mittel
- ✳ Grünlichweiße Hauptkrone; Nk. hellpink mit gelboranger Färbung an der Basis, w-p
- ↕ Mittelhohe Sorte / 9,5 cm
- ✍ Erinnert an moderne Taglilien, die Hk.-Blätter sind breit eiförmig und am Rand leicht gewellt; Nk. eingeschnitten und gekräuselt, sehr breite und etwas schmalere Segmente wechseln sich ab, Blüte kelchartig aufgeklappt
- ✎ 2007 / P. Q. M. Pennings

Geschlitzt ist schick

① *Narcissus* 'Parabole'
- 🕓 Spät
- ❂ Hk. gelblichweiß mit orangefarbener Nk., w-o
- ↑ Mittelhohe Sorte / –
- ✍ In den USA als großkronige Narzisse geführt; rundliche Hk., zu mehr als 1/3 überlappend, die gerüschte Nk. ist wenig eingeschnitten, gerüscht und flach ausgebreitet, 2/3 der Länge der Hk.-Blätter
- ✎ 1999 / W. F. Leenen and Sons

② *Narcissus* 'Mistral'
- 🕓 Mittel
- ❂ Weiß, mit leuchtend hellgelber Nk., die manchmal im Mittelteil aufhellt, w-y
- ↑ Mittelhohe Sorte / –
- ✍ Breit eifömige, gewellte Blütenblätter; die 6 Nk.-Segmente sind breiter als die Blütenblätter und fast ebenso lang, stark gerüscht und gewellt, Blüte leicht nach vorn gewölbt
- ✎ 1965 / J. Gerritsen and Son

③ *Narcissus* 'Canasta'
- 🕓 Früh bis mittel
- ❂ Reinweiße Blütenblätter mit leuchtend gelben Nk.-Segmenten, w-y
- ↑ Hohe Sorte / –
- ✍ Breit eiförmig, mit stumpfen, manchmal spitzen Hk.-Blättern, sternförmig; Nk. eingeschnitten, aber überlappend, mit welligem, teils verdrehtem und eingekerbtem Randbereich
- ✎ 1957 / J. Gerritsen and Son

②

③

①

②

① *Narcissus* **'Apricot Whirl'**
- Mittel
- Grünliches Weiß, Nk. gelbliches Hellrosa mit Einsprengseln von dunklem Rosa und Weiß mit gelblicher Mitte, w-p/w
- Mittelhohe Sorte / 10 cm
- Rundliche Blüte, mit welligen Blütenblättern, Nk.-Segmente tief gekräuselt und eingebuchtet, gut $2/3$ der Länge der Hk.
- 2006 / J. Gerritsen and Son

② *Narcissus* **'Cum Laude'**
- Mittel
- Blütenhüllen-Segmente elfenbeinweiß; Nk.-Segmente hell orangerosa mit gelbgrüner Mitte, w-p
- Mittelhohe Sorte / –
- Blütenblätter sehr breit, innere Segmente etwas schmaler und spitz, stark gekräuselte Nk.
- 1984 / J. Gerritsen und Sohn

③ *Narcissus* **'Trepolo'**
- Mittel
- Reinweiße Blütenblätter; die Nk. zeigt ein seltenes Farbmuster; ein breites Längsband von Orange und Gelb ist außen von Weiß flankiert, w-o/w
- Hohe Sorte / 8,5 cm
- Schmetterlingsnarzisse (11b), Synonym: 'Tepolo'; breit eiförmige Blütenblätter, bis zur Hälfte überlappend, mit erhabener Mittelrippe; Nk. bis zur Basis eingeschnitten, etwa $2/3$ der Blütenblätter, unregelmäßig gekerbt und gerüscht
- 1968 / J. W. A. Lefeber

Geschlitzt ist schick

Sehr besonders

Diese Klasse dient als Sammelbecken aller Sorten, die keiner der anderen Klassen zugeordnet werden können (Klasse 12) und ist daher in Blütenform und Blütezeit uneinheitlich. Bedeutung für Sammler haben zum Beispiel D. Blanchards Reifrocknarzissen-Hybriden wie 'Nylon' und 'Tarlatan'. Die beliebten dreiblütigen *Cyclamineus*-Tazetten-Hybriden 'Tête-à-Tête', 'Quince' und 'Jumblie' gehören nun ebenfalls in diese Klasse. Abgesehen von den zuletzt genannten sind die Vertreter dieser Klasse selten im Handel und werden am besten direkt von einem Sammler bezogen.

Narcissus **'Tiny Bubbles'**
- Mittel
- Hk. und Nk. rein gelb, y-y
- Miniaturnarzisse / 5 cm
- Kreuzung mit *N. jonquilla*, stark duftend, 2–3 Blüten pro Stiel, sternförmige, hängende Blüten mit zylindrischer, am Rand eingekerbter Nk.
- Vor 2009 / Brent and Becky Heath

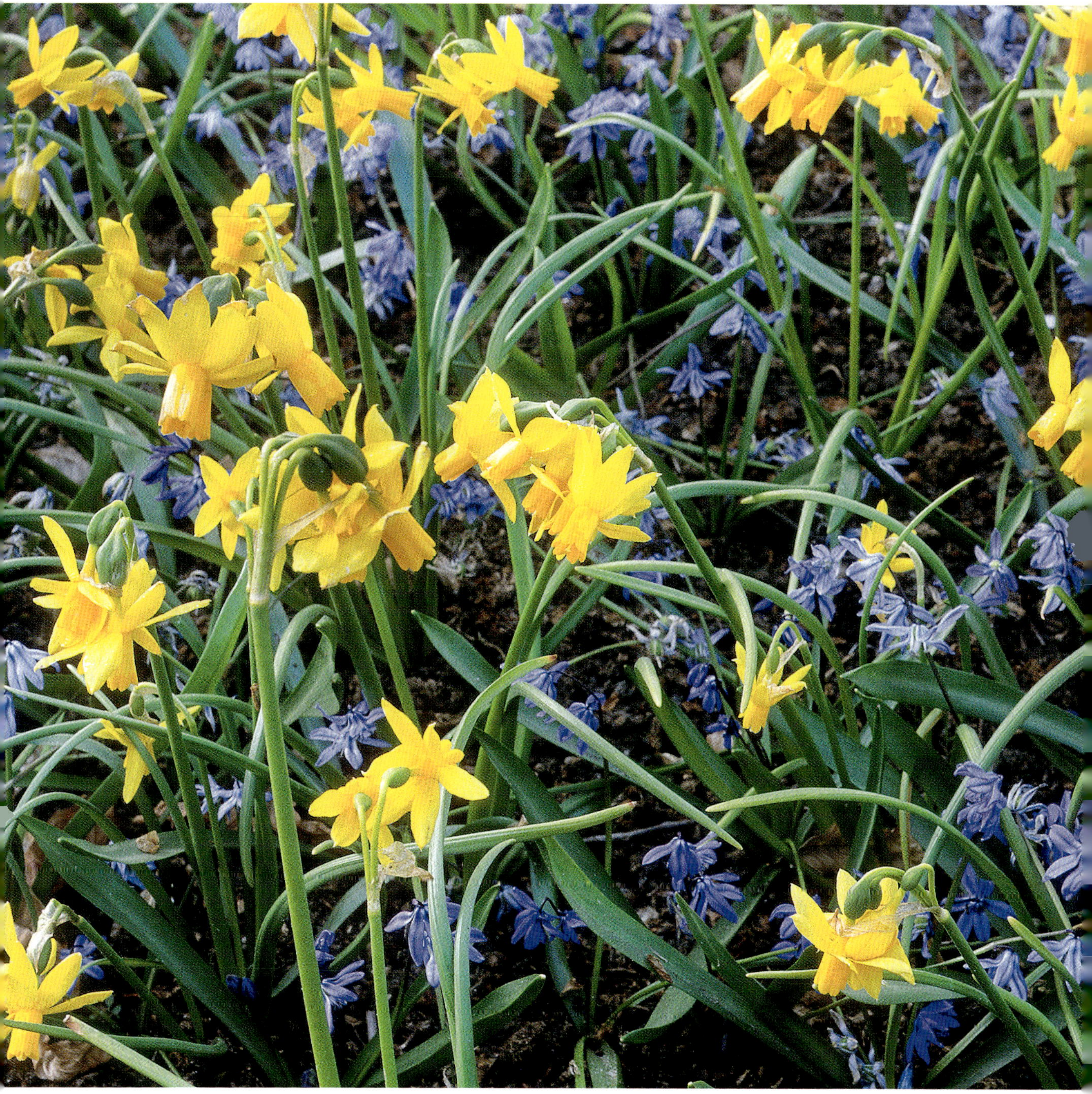

Naturschönheiten – Die Wildnarzissen

Hier auf alle Wildnarzissen einzugehen, welche bekannt sind oder nur solche, die gelegentlich im Handel auftauchen, würde den Rahmen dieses Buches sprengen. In der Klasse 13 sind zum Einen die nicht züchterisch veränderten Stammformen, Unterarten und Varietäten der vorher beschrieben Klassen zusammengefasst. Zum Anderen gibt es zum Beispiel viele Arten, die für den Sammler und Botaniker interessant sein können, aber keinen oder nur geringen Gartenwert besitzen und deshalb nicht zur Züchtung verwendet wurden.

Zur Klasse 13 gehören auch die sogenannten Naturhybriden, also Pflanzen die aus Kreuzungen mehrerer Arten irgendwann einmal entstanden sind und deren Sämlinge »echt fallen«, also bei Aussaat nicht mehr in ihre Elternarten zurückschlagen. Darüber hinaus ist es wohl oft zu Naturalisierung gekommen. Das bedeutet, dass es bei Anpflanzungen mehrerer Arten in Gärten zu Kreuzungen kam, die so in der Natur nicht entstanden wären, weil die Pflanzen in der Natur nicht gemeinsam an einem Standort vorkommen. Wenn diese dann wieder aus den Gärten heraus verwildern, ist für den Botaniker das Chaos perfekt, da oft nicht mehr entschieden werden kann, ob die Pflanze oder Arthybride einmal einheimisch war oder eben naturalisiert ist.

Die Anzahl der Arten, die zu der Gattung der Narzissen gehört, ist nach wie vor umstritten. In seiner 1993 erschienenen, sehr umfangreichen Darstellung der Gattung geht Walter Erhardt von

Narcissus jonquilla
- 🕓 Mittel
- ✾ Hellgelbe Hk. und Nk., y-y
- ↕ Mittelhohe Sorte, 35 cm / 3 cm
- ⚘ Echte Jonquille mit 3–5 stark duftenden Einzelblüten, schon im Spätherbst erscheint das an Binsen erinnernde Laub; auffällig lange und schmale Kronröhre, gern an Standorten, die im Frühling von Wasser überflutet sind.
- ✎ Erste Veröffentlichung 1753 durch Carl von Linné

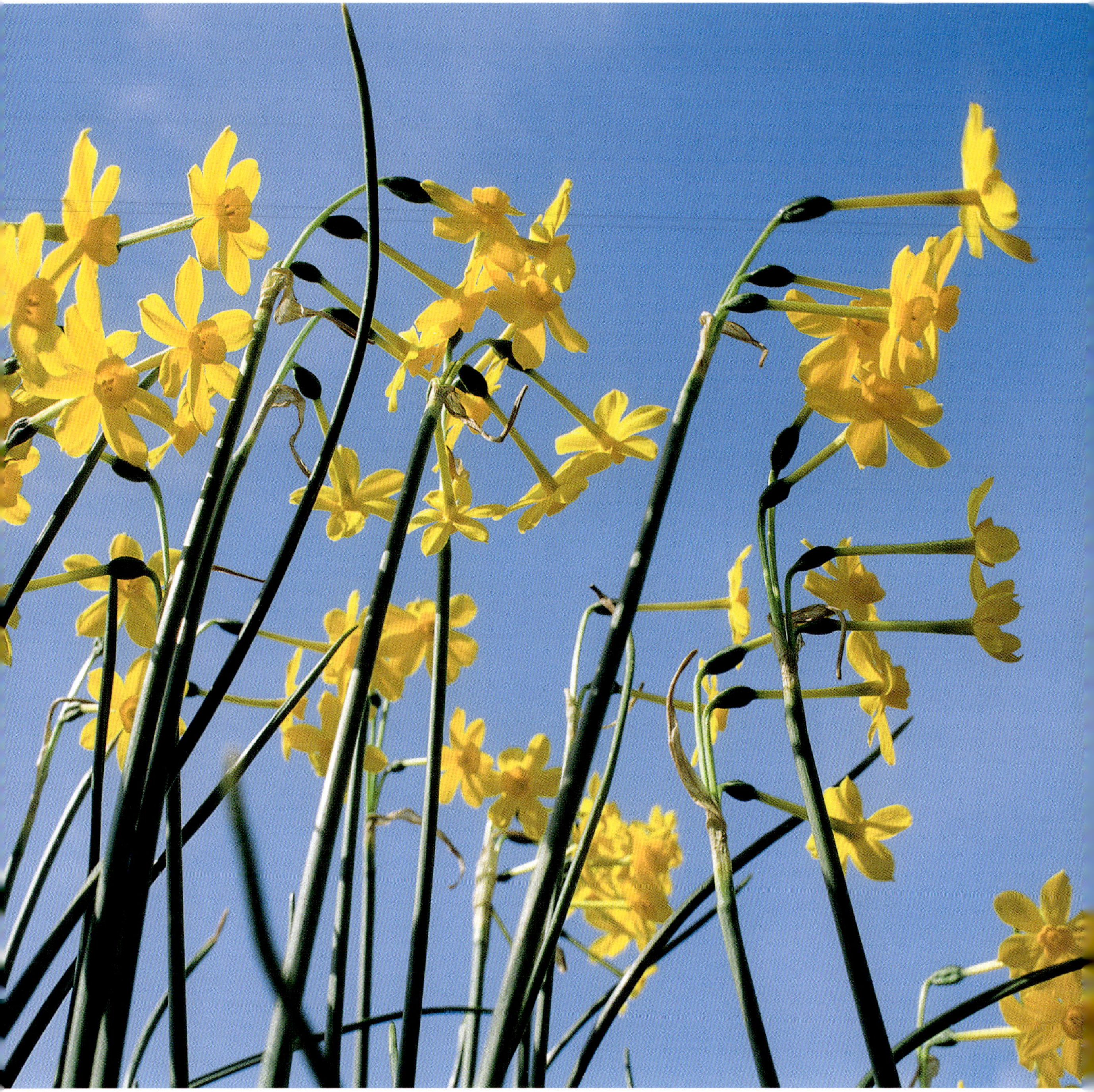

66 verschiedenen Arten aus. In »The International Daffoldil Register and Classified List« von 2008 werden 85 Arten als gültig angesehen. Bei den Intersektionalen Hybriden werden noch einmal knapp 70 verschiedene aufgeführt.

Um bei den Wildarten und Naturhybriden den Überblick zu bewahren wurde ebenfalls eine Systematik aufgestellt, die unsere Narzissen in 11 Sektionen unterteilt.

Eine Auswahl: *N. asturiensis* ist die kleinste der Trompetennarzissen und wird nur 5 bis 8 Zentimeter hoch. Sie ist im Garten oft die erste Freiland-Narzisse. *N. broussonetii* ist eine herbstblühende, weiße Narzisse, die auf den ersten Blick nicht als solche zu erkennen ist. Ihr fehlt die Nebenkrone. *N. canariensis* kommt auf den kanarischen Inseln vor. *N. hispanicus* aus der Sektion *Pseudonarcissus* ist eine lang bekannte Art und gilt als Stammform vieler moderner Gartensorten. Bei der mehrblütigen *N. longispathus* sind die leicht verdrehten, gelben Hauptkronblätter nach vorn geschlagen und umgeben die 25 Millimeter lange nahezu zylindrische Nebenkrone. *N. minor*, *N. nanus* und *N. pumilus* werden gerne verwechselt. Alle drei gehören zur Sektion *Pseudonarcissus* und sind etwa 15 Zentimeter hoch. Bei *N. obvallaris* (= verhüllt) ist nicht klar, worauf sich der botanische Name bezieht. Die sogenannte Tenby-Narzisse (Landschaft in Süd-Wales) ist ein wohlgeformte Trompetennarzisse und gut für den Steingarten geeignet. *N. radiiflorus* gehört zur Sektion *Narcissus* und damit zu den Dichternarzissen. Die Hauptkronblätter sind schmal und etwas eingedreht und gleichen den Speichen eines Rads. *N. scaberulus* aus der Sektion *Apodanthae* ist eine Art aus Portugal, die mit 18 Millimeter kleinen Blüten den Miniaturrekord hält. *N. serotinus* aus der gleichnamigen Sektion *Serotini* blühen »spät«, also im Herbst. Wie andere Herbstnarzissen treiben die blühfähigen Zwiebeln keine Blätter, da der Blütenschaft die Assimilation übernimmt. *N. viridiflorus* gilt nicht als schön, aber ist unverwechselbar. Diese herbstblühende Art hat grüne Blüten.

① *Narcissus x odorus, syn. N. 'Campernelli'*
- Mittel
- Hellgelbe Hk. und Nk., y-y
- Mittelhohe Sorte, 35 cm / 6 cm
- Drei Einzelblüten pro Stängel, die an vergrößerte Jonquillen denken lassen, angenehm duftend, aber weniger stark als bei Jonquillen, Kreuzung aus *N. pseudonarcissus* × *N. jonquilla*, frosthärter und weniger anspruchsvoll an den Standort als *N. jonquilla*.
- Erste Veröffentlichung 1756 durch Carl von Linné

② *N. moschatus, syn. N. moschatus 'Cernuus'*
- April
- Weiße Hk.- und Nk. mit grüner Kronröhre, w-w
- Mittelhohe Sorte 30 cm / Trompete bis 4 cm
- Weiße Trompetennarzisse aus der Sektion *Pseudonarcissus* mit stark duftender, nickender Blüte, Hk.-Blätter verdreht
- Seit gut 300 Jahren bekannt

①

②

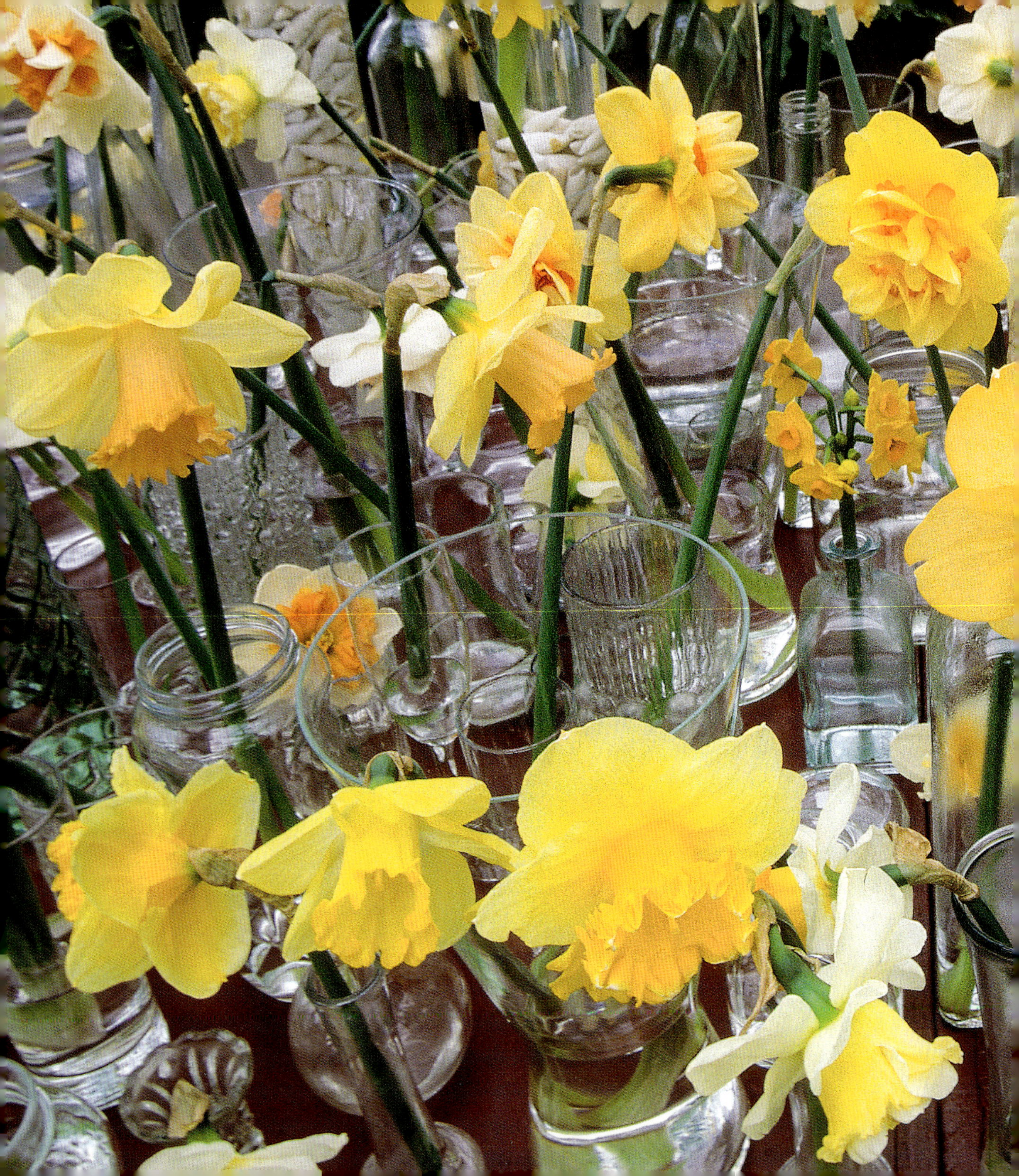

Floristik

In Töpfen und Schalen

Ob im Garten in einer halbschattigen Ecke oder in Schalen und Körben zusammengepflanzt: Kleine Alpenveilchen, Schneeglöckchen und eine blühende *Helleborus*, kombiniert mit der frühen Narzisse 'Tête-à-Tête' geben ein bezauberndes Frühjahrsbild ab. Nahrhafte Blumenerde vorausgesetzt eignen sich viele Narzissen aus allen Klassen für die Kombination mit frühblühenden Pflanzen. Für alle flachen Gefäße sind insbesondere die Miniaturnarzissen geeignet. Ob klassisch mit Moos, Holz und frisch austreibenden Zweigen dekoriert oder modern mit Filz- und Glaselementen arrangiert, ist jedem selbst überlassen.

rechte Seite *Präsentation neuer Sorten während der alle zehn Jahre stattfindenden Weltgartenausstellung Floriade im niederländischen Venlo 2012.*

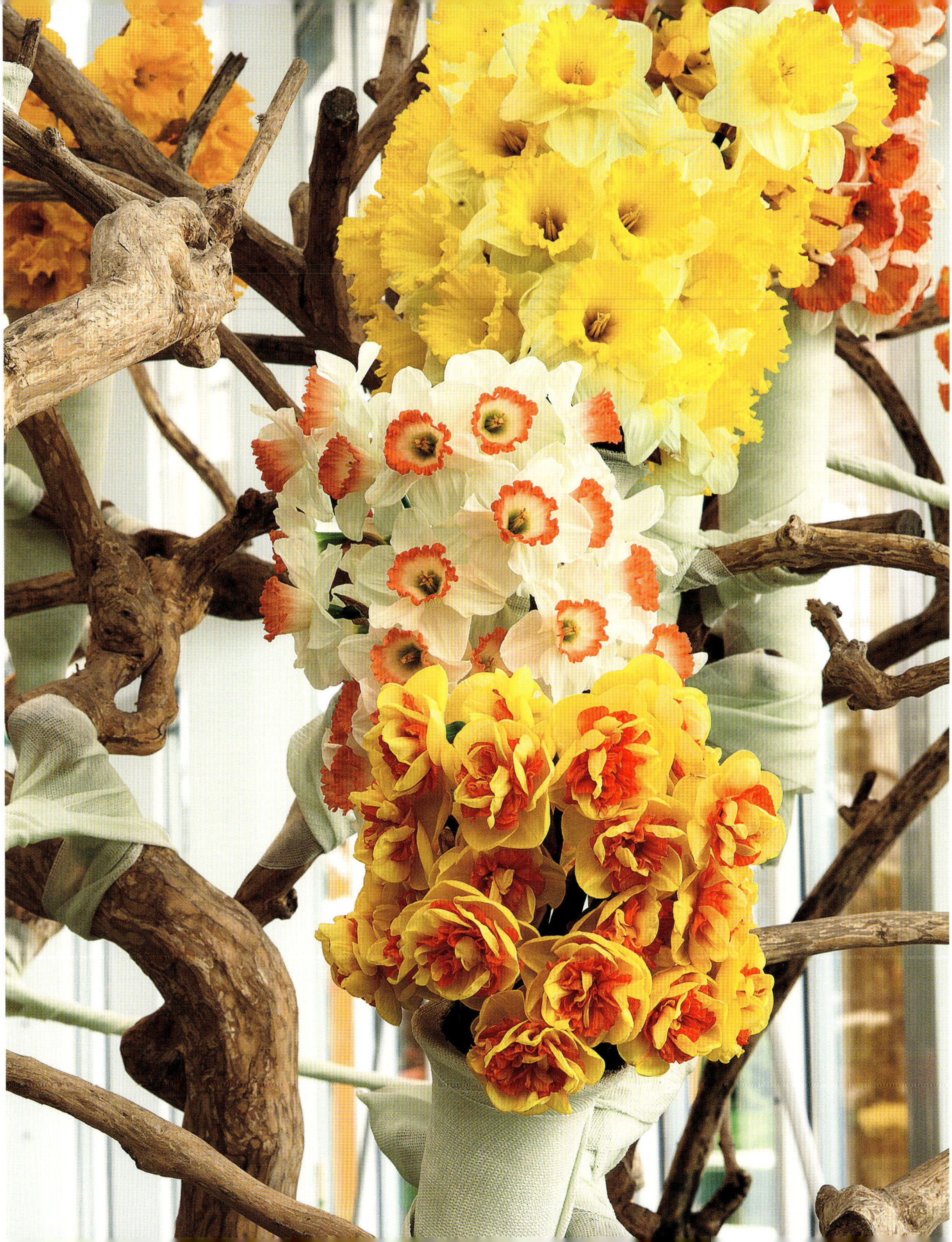

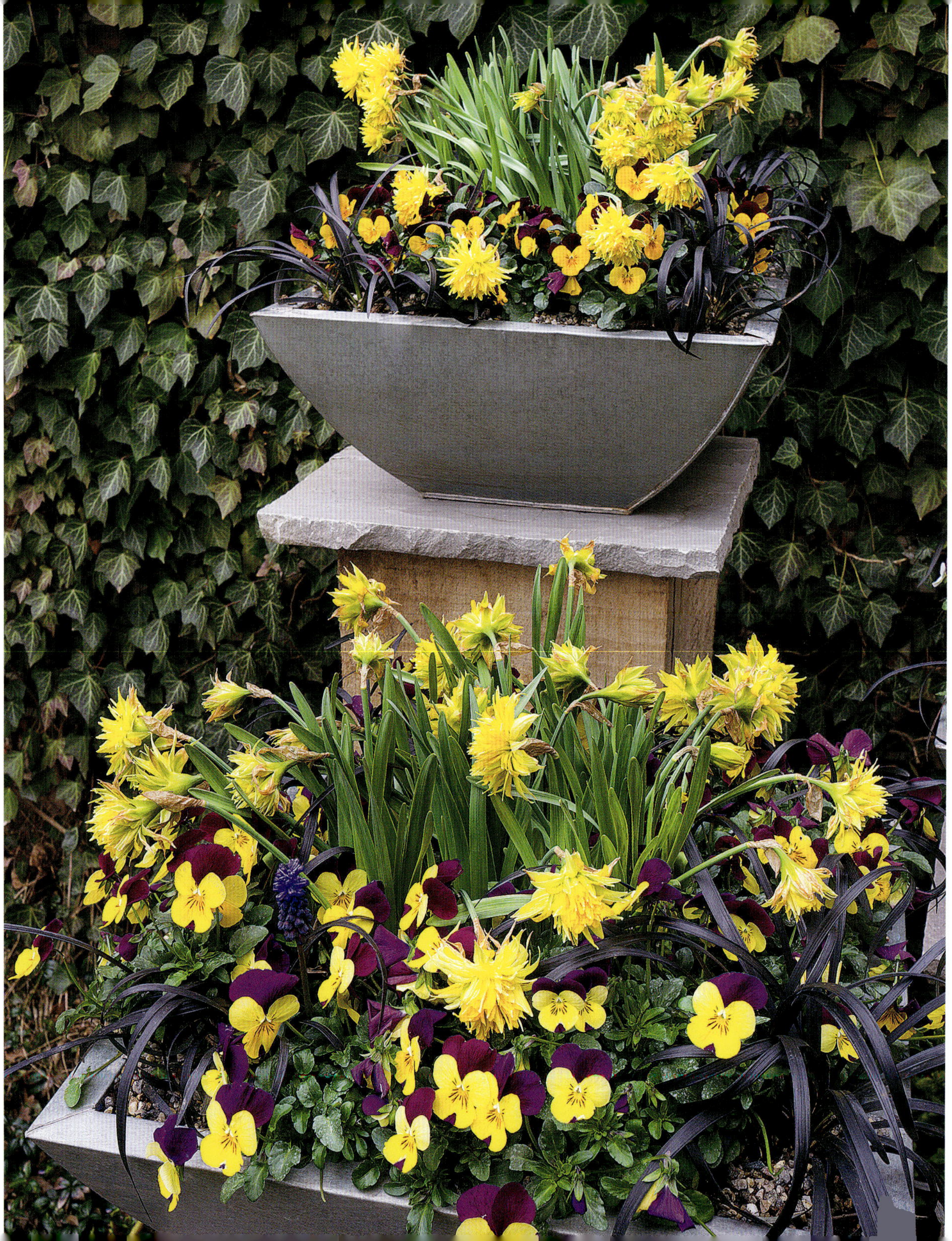

Für eine dauerhafte Kultur sind gekaufte Arrangements meist nichts, da vorgezogene Narzissen in Töpfen oft mit freiliegenden Zwiebeln angeboten werden. Nur der untere Teil steht in Substrat und wurzelt. Werden diese nicht sofort nach der Blüte in den Garten gepflanzt, verabschieden sie sich meist.

Narzissen, in der richtigen Tiefe in große Töpfe gepflanzt, können zumindest zwei Jahre überleben. Wird die Erde regelmäßig erneuert, auch länger.

Beliebt sind auch Topfkombinationen mit Tulpen und Kleinzwiebeln, die in verschieden hohen Lagen übereinander gepflanzt werden. Das ist auch kein Problem, vorausgesetzt einige Grundsätze werden beachtet. Genau wie im Garten, wo Staunässe unbedingt vermieden werden muss, darf in den Töpfen kein Wasser stehen. Auf eine Scherbe über dem Abzugsloch und eine Drainschicht aus Splitt oder Kies kommt nahrhafte Komposterde und darauf Gartenerde, die mit Sand oder konventioneller Blumenerde vermischt ist. Ob es sich um Ton- oder Plastiktöpfe handelt, ist den Narzissen dabei egal.

Vasenschmuck

Der Erntetermin für Narzissen als Vasenschmuck ist das sogenannte »Gänsehalsstadium«, also kurz bevor das Hüllblatt der Blüte sich öffnet. Bei manchen Sorten kann es klug sein, etwas länger zu warten. So nimmt zum Beispiel die Ausprägung der Farbe bei rosafarbenen Sorten oder der Übergang von Creme zu strahlendem Weiß einige Zeit in Anspruch. Knospig geschnittene Narzissen lassen sich gekühlt bei 1 bis 4 Grad, in Folie verpackt oder in Wasser gestellt, bis zu vier Tage ohne Qualitätsverlust lagern. In der Vase halten Narzissen etwa fünf Tage. Werden sie nachts oder bei Abwesenheit in

oben *Pflanzkorb mit Triandrus-Hybride* Narcissus *'Thalia' und Kaukasusvergißmeinnicht* (Brunnera macrophylla *'Variegata'*).
linke Seite *Schalenbepflanzung mit der gefüllten* Narcissus *'Rip van Winkle', Hornveilchen* (Viola cornuta *'Purple Wing'*) *und dem schwarzlaubigen Schlangenbart* (Opiophogon nigrescens).
unten *Fensterschmuck mit N. 'Tête-à-Tête', N. 'Jetfire' und Traubenhyazinthe* (Muscari latifolium).

In Töpfen und Schalen

einem kühlen Raum, Flur oder Keller aufgestellt, kann man sich bis zu 10 Tagen an den Blumen erfreuen. Wer die Blumen mit anderen Frühlingsblühern wie Tulpen zusammen in einem Gefäß arrangieren möchte, muss Vorkehrungen treffen. Der Schleim, den die Stiele frisch gepflückter Narzissen absondern, ist für andere Pflanzen schädlich und lässt sie schneller verwelken. Darum die Narzissen zunächst über Nacht in einem eigenen Gefäß ausschleimen lassen.

Treiberei

Durch geschicktes Anwärmen kann die Blütezeit um mehrere Wochen vorverlegt werden. Das gelingt am besten mit Sorten, die sowieso zeitig blühen. Durch Warmstellen der Pflanzgefäße mit den zu treibenden Zwiebeln, wird der Beginn der warmen Jahreszeit vorgetäuscht. Das hat zur Folge, dass sich die Knospen schon vor der normalen Freilandblütezeit öffnen. Der Profi-Zierpflanzenbau unterscheidet die frühe Treiberei im Dezember, die mittelfrühe im Januar und die späte Anfang Februar bis Mitte März. Je eher das Treiben beginnen soll, desto früher müssen die Zwiebeln gerodet werden und kurzzeitig bei hohen Temperaturen gelagert werden. Anschließend wird bei niedriger Temperatur die Bodentemperatur im Herbst und Winter simuliert. Gepflanzt wird ein Vierteljahr vor dem beabsichtigten Treibbeginn.

links *Frühlings-Floristik mit niedrig wachsenden Narzissen und Bellis in Holzvasen auf der Floriade 2012 in Venlo.*
links oben *Narzissengestecke mit* Narcissus 'Tête-à-Tête' *und* Viola cornuta *auf der Terrasse in Boomkamp Gardens, Borne, Niederlande.*
rechte Seite *Frühlingsschmuck in historischen Vasen mit verschiedenen Narzissen und* Viola cornuta *auf dem Narzissenfest auf Schloss Ippenburg, Bad Essen.*

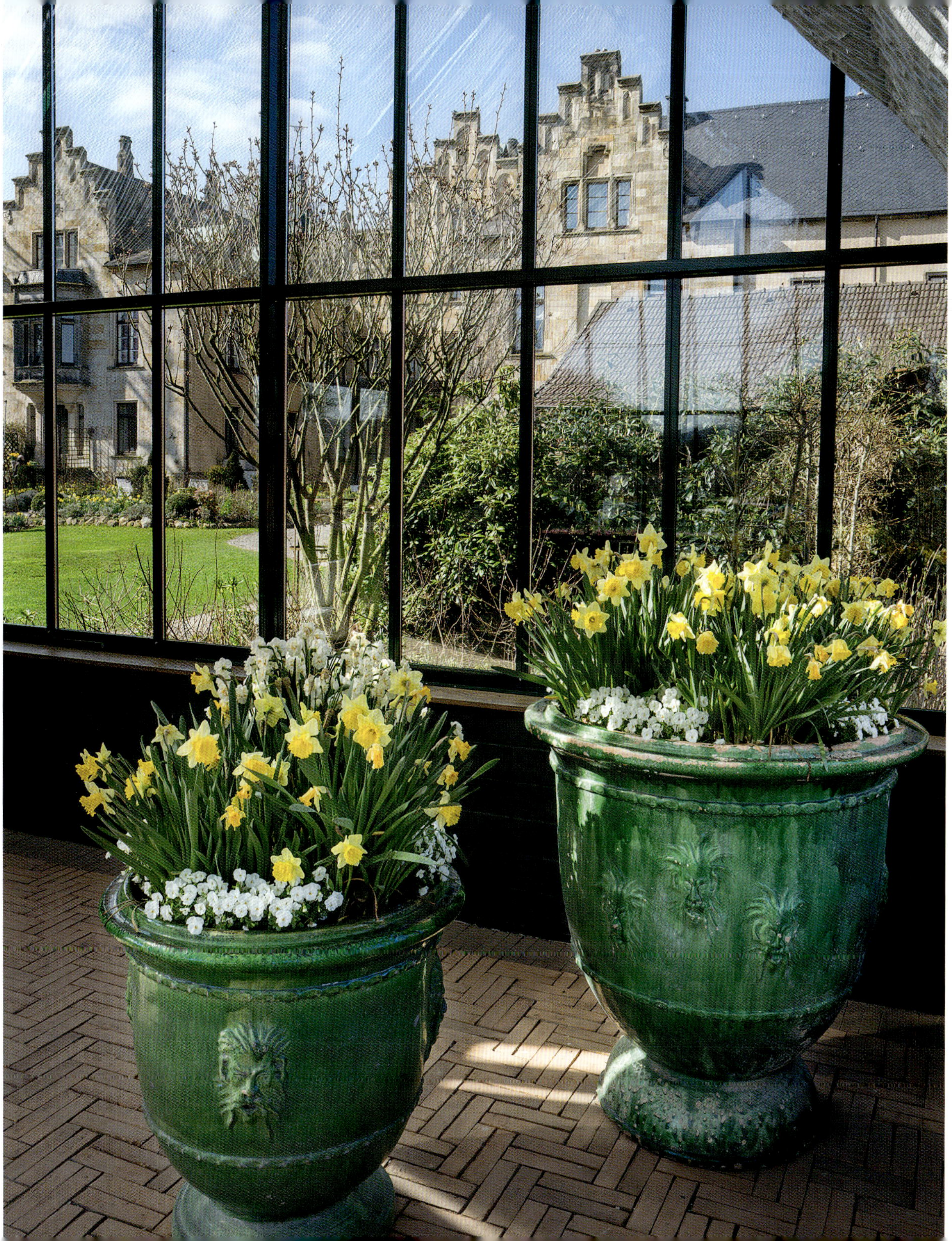

Vom Blumenbinden – Anna Lindner

Die Blumen- oder besser Pflanzenarrangements der Münchener Ausnahme-Floristin Anna Lindner entsprachen zu Beginn ihrer Karriere ganz dem Geist der Zeit. Der Wunsch nach Ursprünglichkeit und Einfachheit, die Hinwendung zur Natur wurde in den 1980er-Jahren zum gesellschaftlichen Thema. Es dauerte aber noch einige Jahre, bis ihr natürlicher Stil bekannt wurde und Nachahmer in der Welt der Floristik fand. Die Floristmeisterin oder besser »Blumenbinderin«, wie sie sich selbst bezeichnet, schaut auf eine große Karriere zurück. Ihre Wirkungsstätte, das Blumenhaus Brandl am Nordfriedhof, entwickelte sich zum Geheimtipp für Münchener Blumen- und Pflanzenliebhaber. Nach einigen Auszeichnungen, Lehraufträgen und vielen Fortbildungsveranstaltungen ist ihr Umgang mit natürlichem Pflanzenmaterial immer noch herausragend, auch wenn sie sich, inzwischen im Rentenalter, aus dem täglichen Geschäft zurück gezogen hat.

Dem Nicht-Perfekten Achtung zollen, scheinbar Nebensächliches in den Fokus rücken und Verbindungen herstellen, die nicht offensichtlich sind, scheinen Grundlagen für ihren Erfolg zu sein. Statt Kunststoff und Farbe setzt Anne Lindner auf recycelbare Werkstoffe. Zweige, Blätter, Früchte und Samenstände aus Wald, Wiese und Garten sind ihr Pflanzenmaterial – ganz naturnah, mit verspielten Akzenten oder spannenden Brüchen. Anne Lindner liebt es, die Pflanze im Ganzen zu zeigen, sich all ihre Teil nutzbar zu machen und nicht nur Stückwerk zu verwenden. Makellose Schönheit ist ihr suspekt. Da bleiben auch erste Verwelkungen sichtbar, der Einfluss von Wasser und Wind sorgt für natürliche Patina. »Der Werkstoff ist perfekt«, sagt sie, »unsere Kunst liegt in der Zusammenstellung, in der Interpretation. Man muss mit den Blumen reden, dann erfährt man schon, was sie wollen.« Die weltbekannte englische Gartenkünstlerin und Schriftstellerin Beth Chatto begann übrigens ihre Karriere nach dem Krieg ebenfalls als »Blumenbinderin« im Lindnerschen Sinne.

links
Anne Lindner mit Narzissenstrauß.
Rechte Seite oben
Narzissen sind nicht nur Blüte, Laub und Stiel sind hier bewusst mit in Szene gesetzt.
Rechte Seite unten
Folienvase mit Dichternarzisse und Zwiebellaub.

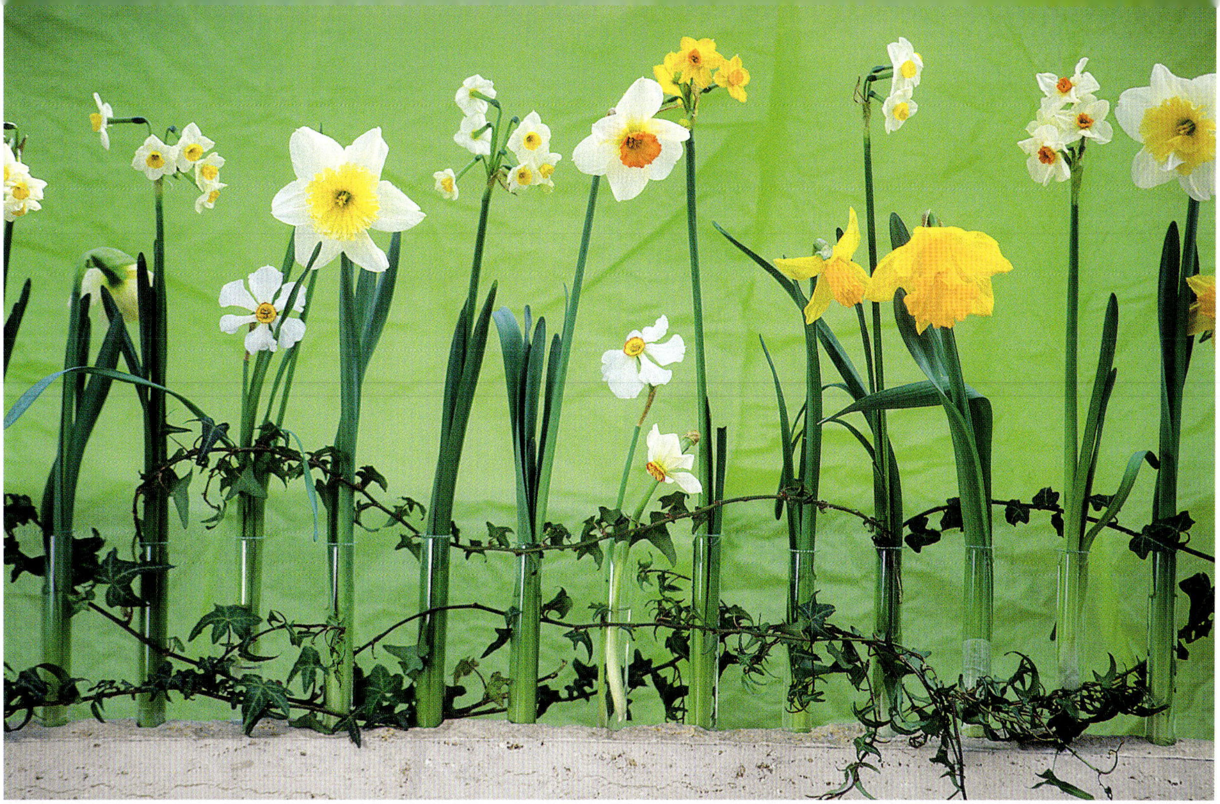
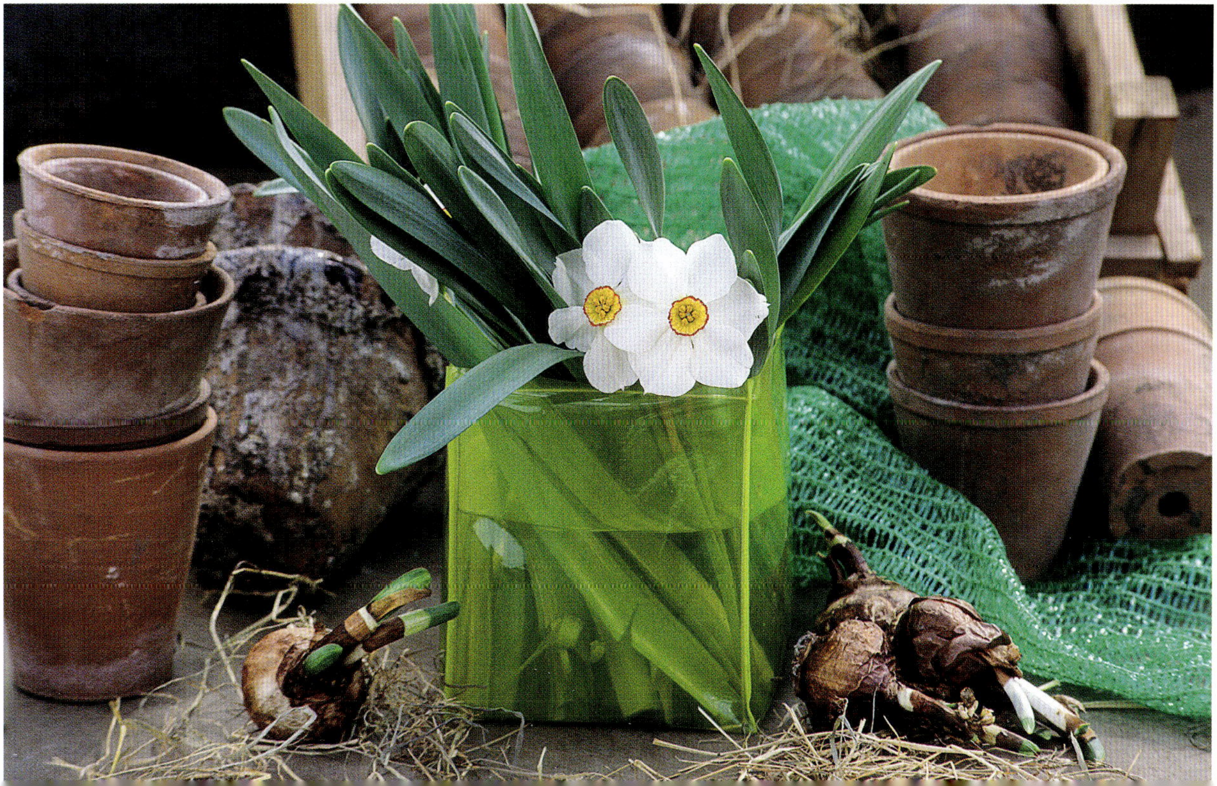

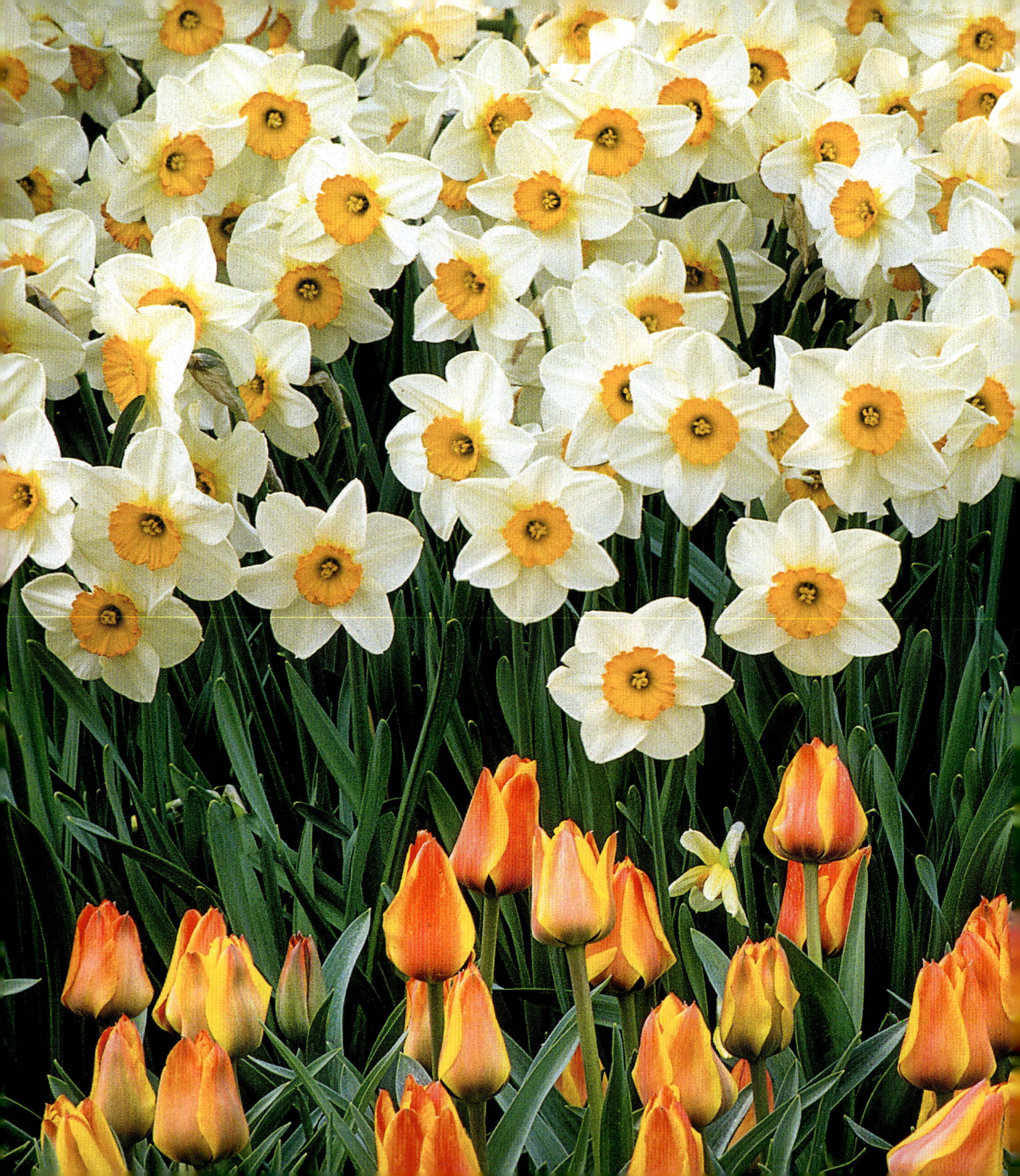

Kombinationen

In bester Gesellschaft

Gut zu Tulpen und Co.

In direkter Nachbarschaft sind die bunt gemusterten Farben einiger Tulpen für viele nicht erste Wahl, aber auch hier gilt: Über Geschmack lässt sich nicht streiten. Es muss ja nicht immer Ton in Ton sein. Beliebt sind auch Kombinationen, die von starken Kontrasten leben. Und natürlich passen rein rote, gelbe oder orangefarbene einfache Frühe Tulpen und Darwin-Hybrid-Tulpen zu vielen Narzissen ganz ausgezeichnet. Besondere Sorten der Grünstreifentulpen und der lilienblütigen Tulpen ergänzen sich gut mit vielen späten Narzissen. Wer es gewagter mag, pflanzt gelbe Narzissen zu rosa Tulpen oder kombiniert violette Tulpen mit orangefarbenen Narzissen. Violett blüht auch der frühe, ballförmige Zierlauch *Allium* 'Purple Sensation', eine der Sorten, deren Blütezeit mit den spät blühenden Narzissen zusammen fällt. Kaiserkronen *(Fritillaria imperalis)* und Präriekerze *(Camassia)* können ebenfalls schöne Kombinationen mit Narzissen ergeben.

rechte Seite *Perfekte Partner für den ersten Höhepunkt im Gartenjahr:* Tulipa 'Modern Style' (Single Early) und Narcissus 'Audubon'.

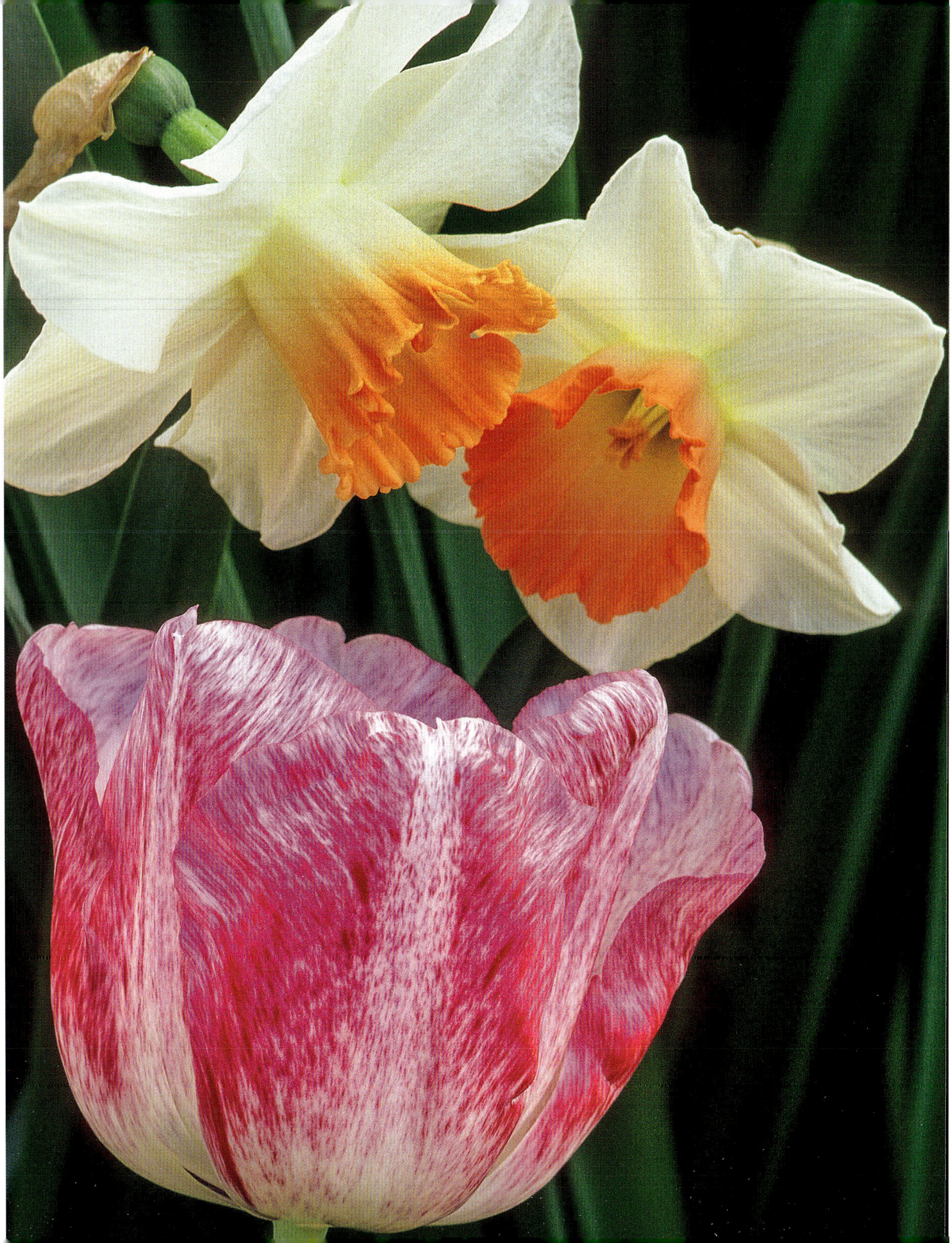

Kleine Zwiebeln – die Menge macht's

Die sogenannten Kleinzwiebeln eignen sich sehr gut als Begleiter von Narzissen im Garten. Darunter versteht man alle Arten von niedrigen, meist frühblühenden Zwiebel- und Knollengewächsen, die nur zu mehreren oder in größeren Gruppen ihre ganze Wirkung entfalten. Ihre Zwiebeln oder Knollen sind deutlich kleiner als die Zwiebeln von hohen Narzissen, Tulpen, Gartenhyazinthen und *Allium*-Arten. Üblicherweise werden gleich mehrere von ihnen in ein Pflanzloch gelegt.

Dazu zählen neben einigen anderen Krokusse, Hasenglöckchen *(Scilla)*, Anemonen, Winterlinge *(Eranthis)* oder Schneeglöckchen *(Galanthus)*. Einige dieser Pflanzen verwildern mit den Jahren und können dazu beitragen, ein natürliches, wie gewachsen erscheinendes Pflanzbild zu erschaffen, das jedes Frühjahr aufs Neue den Winter vertreibt.

In sonnigen Flächen können Krokusse mit frühen Wildnarzissen wunderschön aussehen. Beide lieben es »auszubacken« und bevorzugen Plätze, die im Sommer heiß und trocken werden. Das Persische Hasenglöckchen *(Scilla mischtschenkoana)* blüht früh hellblau und ist ebenso in sonnigen Lagen als Partner geeignet.

Auch Traubenhyazinthen *(Muscari)* oder Glockenscilla *(Hyacinthoides)* sind gute Partner zu Narzissen, allerdings meidet die Glockenscilla schwere, lehmhaltige Böden.

In halbschattigen Lagen ist das dunkelviolette Blausternchen *(Scilla siberica)* oder die weiße Form *(Scilla siberica* 'Alba') ein prima Partner zu niedrigen Trompetennarzissen und kleinen *Cyclamineus*-Hybriden. Schöne Kombinationen ergeben sich mit Schneestolz *(Chinodoxa)* und Lerchensporn *(Corydalis)*.

Ein besonderes Knollengewächs für halbschattige Lagen ist oder Hundszahn *(Erythronium dens-canis)*. Die auffallende Blüte in weiß oder rosa Tönen mit den schön marmorierten Blättern ist ein Highlight in jedem Frühlingsgarten.

links *Die frühblühende Alpenveilchen-Narzisse* Narcissus cycl. *'Jetfire' trifft auf den rein weißen Frühjahrskrokuss* Crocus vernus *'Jeanne d'Arc'.*

Kombinationen

oben *Narzissen verschiedener Klassen im Mix.*
unten *Die Mischung macht´s: Alpenveilchen-Narzisse (Narcissus 'Jack Snipe') mit Strahlenanemone (Anemone blanda 'Blue Shades'), tränendes Herz (Dicentra spectabilis) und weiße Sternhyazinthen (Scilla siberica 'Alba').*

oben *Mut zur Farbe: gelbe-weiße* Narcissus 'Minnow' *mit rosafarbenen* Hyacinthus orientalis 'Gipsy Queen'.
unten *Traubenhyazinthe (Muscari aucheri 'Mount Hood') und Cyclamineus-Hybride Narcissus 'Jetfire'.*

In bester Gesellschaft

Einfache Schlüsselblumen *(Primula veris)*, Buschwindröschen *(Anemone nemorosa)*, Strahlenanemone *(Anemone blanda)* oder schöne Sorten des Hornveilchens *(Viola cornuta)* sind blühende Begleiter für den Auftritt der Kleinzwiebeln im

oben *Die gefüllt blühende* Narcissus *'White Lion' kombiniert mit weiß-blauem Schneestolz* (Chionodoxa sardensis).
links *Die 20 Zentimeter hohe Tazetten-Narzisse 'Minnow' umspielt die Wildtulpen-Auslese* (Tulipa kaufmannia *'Jeantine').*

Frühlingsgarten. Unter den frühblühenden Bodendeckern wäre das Gedenkemein *(Omphalodes)* oder die Golderdbeere *(Waldsteinia)* zu nennen.

Sie alle sind daran beteiligt, den Frühling zum ersten Höhepunkt im Gartenjahr zu machen.

oben Ton in Ton: die weiße Trompetennarzisse 'Mount Hood' mit Hyacinthus orientalis 'Madame Sophie'.
rechts Schachbrettblumen (Fritillaria meleagris) *lieben frische Böden, kein Problem für die Alpenveilchen-Narzisse 'Jetfire'.*

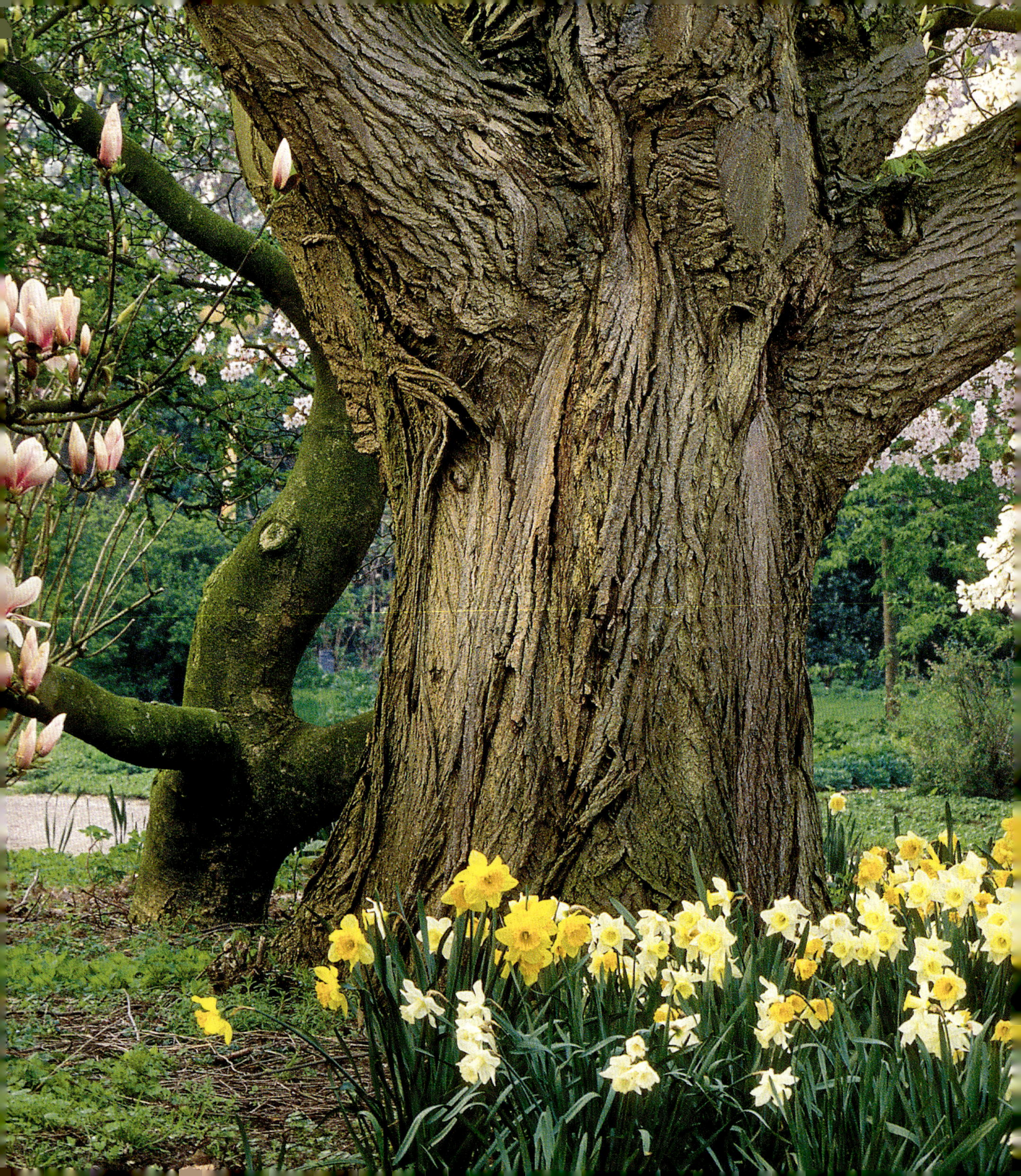

Die Praxis

Vom Pflanzen und Pflegen

Der beste Pflanztermin für Narzissen ist der September. Der Boden sollte etwas abgekühlt sein, denn Wärme fördert den Pilzbefall. Warten Sie zu lange, blühen die Pflanzen genau so gut, aber sie werden wegen des verminderten Wurzelwachstums im Spätherbst wohl nicht so kräftige Tochterzwiebeln ausbilden können. Oft liefern die Zwiebelhändler aber erst im Oktober die Bestellungen aus. Darum gilt ganz allgemein: Pflanzen Sie, sobald die neuen Zwiebeln eingetroffen sind oder Ihr Terminkalender Ihnen die Arbeit erlaubt.

rechte Seite *Der niederländische Keukenhof bei Lisse gilt als der größte Blumenzwiebel-Park der Welt. Jedes Jahr im Frühling strömen hunderttausende Besucher in die Parkanlage, um die neuesten Produkte der niederländischen Zwiebelindustrie in großzügigen Schaupflanzungen zu bewundern.*

Buy your bulbs here

Das Legen der Narzissen

Viele Tulpenliebhaber setzen ihre Schätze in runde Pflanzkörbe, um ihre Zwiebeln vor Wühlmäusen zu schützen. Das hat zur Folge, dass die gleichmäßig runden Tuffs etwas steif und unnatürlich wirken. Abgesehen von teuren, wertvollen Neuzüchtungen, die sich Narzissenliebhaber aus Irland und England per Post schicken lassen, müssen Narzissen nicht besonders geschützt werden. Starker Wühlmausbefall kann natürlich dazu führen, dass die Pflanzen verwühlt werden oder mit den Wurzeln im Gang stehen und nicht weiterwachsen. Das ist aber selten der Fall und kommt nur bei schwerem Befall vor.

Damit sie blühen und sich vermehren können, lege ich die Zwiebeln je nach deren Größe im Abstand von etwa 5 bis 10 Zentimeter. In der Regel werden die Zwiebeln der hohen Sorten locker zwischen den Stauden verteilt und einzeln gepflanzt. Um den Zwiebeln Platz zur Bildung von Tochterzwiebeln zu geben, gilt die Regel, mindestens einen Abstand von doppelter Zwiebelbreite frei zu lassen.

Vereinzelt stehende Narzissen wirken verloren. Zu weit auseinander stehende Zwiebeln können in absehbarer Zeit keine dichte, wirkungsvolle Gruppe bilden. Stehen sie aber zu dicht, behindern sie sich schon in den ersten Jahren in ihrer Entwicklung. Auch sollte der Tuff nicht zu groß werden, da sonst im Sommer nach dem Einziehen eine unschöne Fläche mit nackter Erde entsteht, die nicht mehr durch die Nachbarpflanzen kaschiert werden kann.

In vielen Gartensituationen gibt es für einen bestimmten Pflanzbereich eine Hauptblickrichtung, von der aus der Gartenbesitzer die Bepflanzung erlebt. Das kann ein Staudenbeet sein, das man beim Entlanggehen auf sich wirken lässt oder eine Pflanzung, die vom Sitzplatz oder der Terrasse ihren besten Anblick bietet. Also gilt es immer Plätze zu wählen, die vom Betrachter aus gesehen auf der Rückseite einer Solitärstaude oder eines Großgrases liegen. Zum Beispiel werden in einer größeren Staudengruppe die Zwiebeln im hinteren Teil der Gruppe gelegt und nicht zwischen den vorderen Exemplaren verteilt. Bei kleinen sommergrünen Sträuchern wie Bartblume, niedrigen Spiereen oder Halbsträuchern wie Blauraute wird auch in den »Rücken« der Gehölze gelegt.

Auf schweren Lehmböden, die zu Staunässe neigen, dem Feind vieler Zwiebelgewächse, kann es nötig sein, die Pflanzstelle mit Sand oder Ähnlichem durchlässiger zu machen. Dann wird ein größerer Bereich ausgehoben, mit einer Sandschicht etc. versehen und nach dem Legen wieder verfüllt. Auch bei Wildarten und sehr kleinen Zwiebeln kann ein großzügiges Pflanzloch, in dem mehrere Kleinzwiebeln Platz finden, sinnvoll sein. Ich selbst arbeite im Garten mit einer Pflanzkelle und bei kleinen Zwiebeln mit dem Löwenzahn- oder Distelstecher. Hiermit können schnell kleine Löcher produziert und belegt werden.

Pflanztiefe

Der Begriff »Legen« ist ein wenig irreführend, eigentlich sollte es »stellen« heißen, denn natürlich sollen die Zwiebeln mit der Basalplatte nach unten und der Spitze nach oben ins Pflanzloch kommen.

Tazetten-Hybride Narcissus *'Hoopoe'* mit Hornveilchen (Viola cornuta *'Purple Wing'*) auf der Narzissengala im Kreislehrgarten Steinfurt.

Ich lege so, dass die Spitze der Narzissen mit doppelt so viel Erde überdeckt ist, wie die Zwiebeln hoch sind. Oder anders ausgedrückt, das Loch soll so tief sein, dass ein Teil Zwiebel und zwei Teile Erde hineinpasst. Und natürlich muss das Loch so breit sein, dass auch Zwiebeln mit ein oder sogar zwei Tochterzwiebeln, den sogenannten Doppelnasen ohne Druck hineingehen. Das ist bei vielen der auf dem Markt befindlichen Blumenzwiebelstechern nicht gegeben.

Auf tonigen Lehmböden ist zu tiefes Pflanzen schädlich, da die Gefahr für Pilzbefall steigt. Sind sie zu hoch gesetzt, neigt das Laub zum Auseinanderfallen. Außerdem sind die Zwiebeln dann vor Frösten weniger gut geschützt. Unter Bodendeckern, die sich selbst überlassen bleiben, kann flacher gepflanzt werden. Auf Beeten, in denen Unkraut gejätet werden muss oder Neu- und Umpflanzen im Laufe des Sommers nötig wird, ist tiefes Pflanzen angesagt.

Vom Pflanzen und Pflegen

Auf richtige Pflege kommt es an

Die Narzissen setzen nach der Blüte Samen an. Bei Pflanzungen in Narzissenwiesen und großflächigen Parkpflanzungen, macht das Aussäen ja auch Sinn. Bei Wildformen im Trockengarten oder niedrigen Sorten in naturnahen Situationen mache ich mir die Arbeit nicht, aber für hohe Narzissenhybriden mit einer Blüte pro Stiel ist das Entfernen der verwelkten Blüte eine wichtige Pflegearbeit. Angeblich geht sonst bis zu ein Drittel der Kraft in die Samenanlage. Mein persönlicher Tipp: Schneiden sie gleich den Blütenstiel mit ab. Der ragt anschließend nicht mehr allein stehend aus den meist flachen Blättern heraus, was das Narzissenlaub schon etwas gefälliger aussehen lässt. Zumal das Laub ja auch noch einige Zeit stehen bleiben muss.

Düngung

Narzissen freuen sich über Dünger während der Wachstumszeit. Ein mineralischer Dünger ist möglich, aber ein organischer Dünger, der länger vorhält und gleichzeitig das Bodenleben fördert, ist vorzuziehen. Stickstoff betonte Mineraldünger sind wenig geeignet, da die Zwiebeln damit weich und krankheitsanfällig werden. Kalium betonte Dünger sorgen für kräftige Zwiebeln, die gut ausreifen.

Wenn die Pflanzflächen im Spätwinter abgeräumt und anschließend Kompost eingebracht wurde, reicht das meist völlig aus.

Umgang mit Laub

»Wann kann ich das Laub endlich abschneiden«, ist in der Praxis eine der meist gestellten Fragen. So schön unsere Osterglocken auch sein mögen, wie lieblich die Engelstränen-Narzissen auch duften, viele Gartenbesitzer zeigen wenig Bereitschaft das Gelbwerden des Laubes nach der Blüte als notwendig hinzunehmen.

Direkt nach Blüte aufnehmen und im Keller lagern ist auch keine Lösung. Die Pflanzen haben dann keine Chance genügend Nährstoffe einzulagern, um die neue Laub- und Blütenanlage anzulegen und Tochterzwiebeln zu bilden.

Dabei bieten die Zwiebeln einen Pluspunkt, der nicht unterschätzt werden sollte. Nach einem langen kalten Winter wird jedes frische Grün sehnsüchtig erwartet. Nach dem »Spitzen« Ende Februar wächst das austreibende Laub mit dem Blütenstängel mit jedem Tag zu einem frisch-grünen bis grau-grünen Laubschopf heran. Zwischen spätaustreibenden Gräsern und Stauden, in winterschlafenden Bodendeckern und unter kahlen Zweigen der Sträucher sind diese grünen Inseln ein nicht unwichtiger Teil der Inszenierung des Frühlingsgartens. Auch eine Zeit lang nach der Blüte erscheint der Blattschopf noch lange grün. Das Laub wächst noch etwas weiter.

Das soll nun nicht heißen, dass es gilt, das Narzissenlaub in Szene zu setzen. Es geht um die Blüte und je weniger das absterbende Laub ins Auge fällt, umso besser. Wie schon gesagt, können niedrige und frühblühende Sorten wie *Narcissus* 'Rip van

Im niederländischen »Brookergarden« der Familie Gubbbels umstehen zu Säulen geschnittene Hainbuchen ein formales Wasserbecken. Die mehrblütige Triandrus-Hybride 'Thalia' sorgt für den Frühlingsaspekt der gemischten Stauden- und Gräserpflanzung.

Winkle', 'Jetfire' und 'Jenny' auch am vorderen Rand eines Beets gepflanzt werden. Sie ziehen zügig wieder ein und ihr Laub ist nicht zu hoch, um andere Pflanzen am Wachstum zu hindern. Die hohen, mittel- und spätblühenden Sorten sind im hinteren Teil und mittleren Teil eines Beetes dagegen viel besser aufgehoben.

Vermehrung

Die Vermehrung der Zwiebeln im Garten ist problemlos. Nach dem vollständigen Einziehen der Pflanzen können die Zwiebeln ausgegraben werden.

Wüchsige, gesunde Pflanzen haben dann Tochterzwiebeln ausgebildet, die vorsichtig vom Zwiebelboden gelöst werden können. Sie müssen von Erde und sonstigen Anhaftungen gesäubert und anschließend kühl und trocken gelagert werden. Sammler und Fachleute reinigen die Pflanzen zusätzlich in einer Beizlösung, die vor einer Pilz- und Virusinfektion schützt, dem größten Feind der Lagerzwiebeln.

Eine Heißwasserbehandlung über vier Stunden bei 43,5 °C schützt vor Nematoden und großer Zwiebelfliege. Für den Profianbau ist dies ein Muss, für den Hobbygärtner nicht einfach zu verwirklichen.

Die Lager sollten immer luftdurchlässig gebaut sein, in kühler, trockener Umgebung, sodass keine Feuchtigkeit auftreten kann. Tochterzwiebeln können direkt im Garten an den neuen Platz ausgepflanzt werden. Zumindest im zweiten Jahr werden die ersten davon blühen.

Wer mehr von einer wertvollen Züchtung braucht, kann sich an der Schalenvermehrung versuchen. Dazu wird eine kräftige Zwiebel vertikal in bis zu 16 Teilstücke wie eine Torte geschnitten. Jedes Teilstück muss seinen Teil des Zwiebelbodens behalten. In einem Folienbeutel, mit Sand-Torf-Gemisch oder Sägespänen gefüllt und 12 Wochen warm (20 °C) gelagert, bilden sich zwischen den Schalen ein bis zwei kleine Zwiebelchen, die abgenommen werden können. Solche Kostbarkeiten sind am besten in einem Frühbeet untergebracht, das vor Winterkälte schützen kann. Nach drei bis vier Jahren können diese Narzissen zum ersten mal blühen.

Der professionelle Narzissenanbau arbeitet auch mit Meristem- und Gewebekultur, um schnell große Bestände von einer neuen Sorte erzielen zu können.

Krankheiten und Schädlinge

Der Profi-Anbau kennt mehrere Krankheiten und Schädlinge, die den Narzissen gefährlich werden können, ihr Wachstum beeinträchtigen oder ihr Aussehen negativ beeinflussen. Darum wird hier viel Aufwand getrieben, um die Pflanzen vor Viren, Pilzen und Älchenbefall (Nematoden) zu bewahren. Natürlich gilt es auch im Hausgarten einige Regeln einzuhalten, um viele Jahre Freude an den Blumen zu haben. Allgemein gesagt gilt: Sitzengebliebene, verkümmerte und offensichtlich kranke Zwiebeln müssen ausgegraben und zusammen mit der umgebenden Erde spatentief per Mülltonne entsorget werden. Entdeckt man beim Pflanzen, dass sich Teile der Zwiebel weich anfühlen, sollten diese ebenfalls entsorgt werden.

Neben der fachgerechten Lagerung, die vor allem wegen Pilzbefall wichtig ist, sollte auf Befall mit der großen Narzissenfliege geachtet werden. Das bienenähnliche Insekt legt die Eier Ende April, Anfang Mai nahe der Blätter ab. Je eine Larve frisst sich durch ein Loch in der Basalplatte ins Zwiebelinnere und zerstört die Zwiebel im Laufe des Frühjahrs und Sommers von innen. Dann fällt der Austrieb im Folgejahr ganz aus oder ist schwach und verkümmert. Befallene Zwiebeln müssen sofort entsorgt werden, denn die Narzissenfliege kann in kurzer Zeit einen ganzen Bestand vernichten. Schutz ist schwer möglich, aber wer die Insekten erkennt, kann sie per Netz von der Eiablage abhalten. Im Gegensatz zur Biene haben Sie nur ein Flügelpaar.

Ein besonderes Ärgernis sind weithin bekannte Plagegeister, die nahezu jedem Gartenbesitzer ein Begriff sind. Nacktschnecken sind dreist und klettern an Blütenstielen hoch, um die Neben- und Hauptkrone anzufressen. Bei großen Gruppen in Wiesen und Parks mag das aus der Ferne betrachtet nicht weiter auffallen. Im Privatgarten sind die Löcher und Einbuchtungen in der Blüte ärgerlich. Vor allem im Narzissengarten gilt also, die Schneckenbekämpfung früh zu beginnen.

Sammeln und Kaufen

Noch ist das Narzissenfieber in Deutschland nicht ausgebrochen, und von kultiger Verehrung wie in den Narzissenländern ist wenig zu spüren. Lediglich ein deutscher Züchter, der ehemalige Hochschullehrer Theo Sanders ist seit mehr als 30 Jahren aktiv und hat erste internationale Erfolge aufzuweisen. Sein Schwerpunkt liegt seit langerem auf der Kreuzung von Wild- mit Gartennarzissen.

Aber da ja auch die Galanthophilie, also das leidenschaftliche Sammeln von Schneeglöckchen, in Deutschland Fuß gefasst hat, gibt es Hoffnung, dass sich auch bei uns in Sachen Narzissen etwas tut. Wer als Liebhaber an Sorten kommen möchte, die neu und/oder selten sind, muss auf englische und irische Kataloge von Spezialgärtnereien ausweichen. Auch die amerikanischen und australischen Züchter verschicken ihre Kostbarkeiten in die ganze Welt. Die regelmäßigen Veröffentlichungen der verschiedenen Liebhabergesellschaften geben Auskunft über neue Sorten, besonders ausgezeichnete Narzissen und viel Wissenswertes über Kultur und Züchtung.

Im Sommer und Herbst dominieren in diesem Teil des Schaugartens auf Schloss Ippenburg verschiedene Gräser. Das Frühjahr gehört ganz den Tulpen und Narzissen; Planung Jaqueline van de Kloet.

Adressen

Schauen und Kaufen

In Deutschland
Nicht dass es in Deutschland im Frühjahr keine lohnenden Ausflugsziele für Narzissenliebhaber gäbe. Allerdings ist deren Zahl im Vergleich zu den Gärten für Rosen-, Taglilien- und Funkienliebhaber immer noch überschaubar.

Einer der ersten öffentlichen Privatgärten, die seit mehreren Jahrzehnten mit dem Schwerpunkt Narzissen ihr Gartenjahr einläuten, ist die Anlage von Manfred Lucenz und Klaus Bender in Bedburg-Hau am Niederrhein. Seit den 1980er-Jahren pflegen die beiden Besitzer einen großen Garten, in dem jedes Frühjahr tausende Narzissen den Frühling einleiten.

Ein schönes Beispiel für eine gelungene Dichternarzissen-Wiese findet sich im Arboretum Ellerhoop in Thyssen bei Hamburg. Hier ist Mitte Mai die richtige Zeit für einen Besuch. Schon im März beginnt die Narzissensaison auf der Insel Mainau, im Schlosspark Schwetzingen, dem Kreislehrgarten Steinfurt oder den Schaugärten mancher Staudengärtnerei oder Baumschule. Oft lohnt sich ein Besuch im Frühjahr um neue Eindrücke über die Verwendungsmöglichkeiten und die Vielfalt der Gattung *Narcissus* zu sammeln. Auch die Bundes- und Landesgartenschauen, die regelmäßig in Deutschland stattfinden, öffnen meist im April ihre Tore und zeigen Beispiele für die vielen Möglichkeiten mit Narzissen den Frühling in den Garten zu holen.

Garten Schloss Ippenburg
Schlossstraße 1
49152 Bad Essen
Telefon: +49 / (0) 54 72 / 977 63 36
www.ippenburg.de

Verhältnismäßig neu sind die Pflanzungen, die Victoria von dem Bussche im niedersächsischen Schloss Ippenburg und dessen Umgebung initiiert hat. Hier lockt das Narzissenfest Mitte April die Besucher in die Schlossgärten. Einige der Blumenzwiebel-Pflanzungen auf Schloss Ippenburg sind Entwürfe der international tätigen Garten-Designerin Jaqueline van der Kloet. Sie hat sich auf die Gestaltung mit Geophyten spezialisiert.

Blumeninsel Mainau
Mainau GmbH
78465 Insel Mainau
Telefon: +49 / (0) 7531 / 303-0
www.mainau.de

Barockgarten Schloss Schwetzingen
68723 Schwetzingen
Telefon: +49 / (0) 6221 / 658 88-0
www.schloss-schwetzingen.de

Abbildung Seite 176/177:

Privatgarten Lucenz und Bender
Mühlenstraße 6
47551 Bedburg-Hau, Ortsteil Schneppenbaum
Tel. +49 / (0) 2821 / 602 70
www.lucenz-bender.de

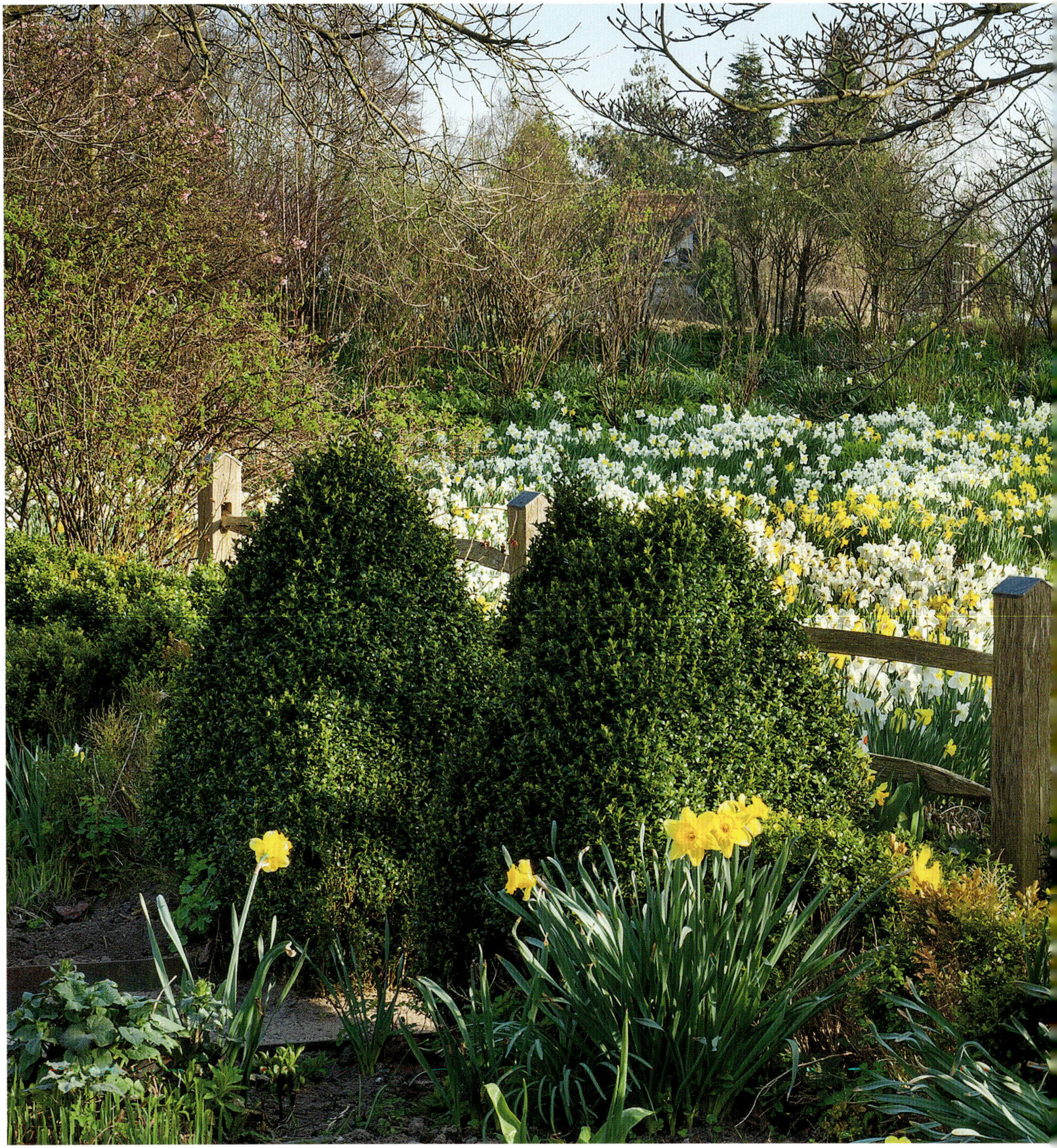

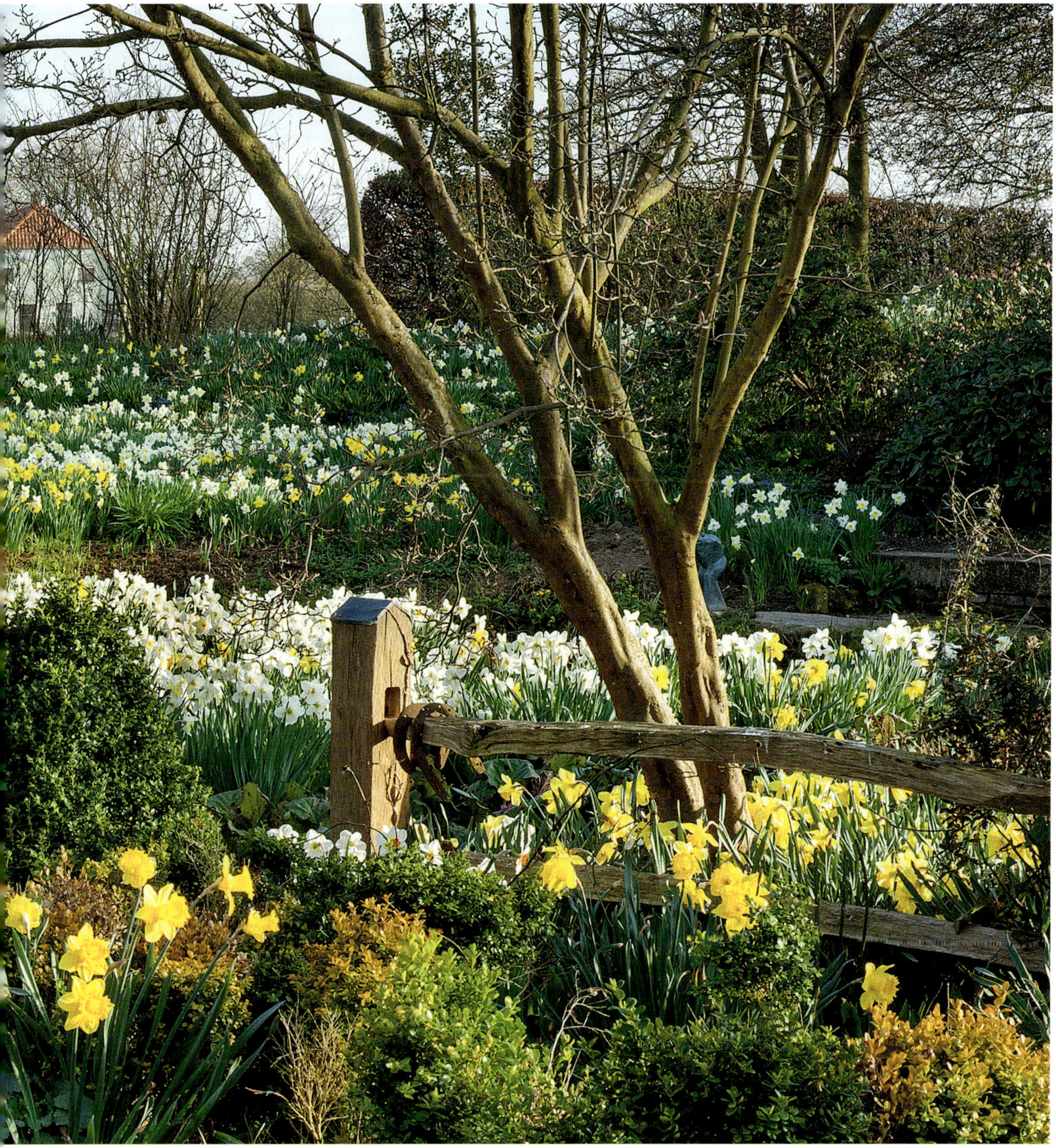

Kreislehrgarten Steinfurt
Wemhöferstiege 33
48565 Steinfurt
Telefon: +49 / (0) 25 51 / 83 33 88
www.kreislehrgarten-steinfurt.de

Schloss und Schlossgarten Weikersheim
Marktplatz 11
97990 Weikersheim
Telefon: +49 / (0) 7934 / 99295-0
www.schloss-weikersheim.de

Weitere Adressen

Gärtnerei & Blumenbinderei Alois Brandl
Ungererstraße 141
80805 München
Tel. +49 / (0) 89 / 36 70 37
www.brandl-blumen.de

*Garten der Baumschule
Paul und Eva Schwieters*
Schlee 8
48720 Rosendahl-Holtwick
Telefon: +49 / (0) 25 66 / 44 44
www.schwieters.de

Garten-Galerie Stork
Auf dem Bauer 22
59505 Bad Sassendorf, Ortsteil Opmünden
Telefon: +49 / (0) 29 21 / 70 00 31
www.garten-galerie-stork.de

Bezugsquellen

Horst Gewiehs
Italienischer Weg 1
37285 Wehretal
Telefon: +49 / (0) 56 51 / 33 62 49
www.gewiehs-blumenzwiebeln.de

Blumenzwiebeln Albrecht Hoch
Potsdamer Straße 40
14163 Berlin
Telefon: +49 / (0) 30 / 8 02 62 51
www.albrechthoch-shop.de

Zwiebelgarten Reinhold Krämer
Waldstättergasse 4
73525 Schwäbisch-Gmünd
Telefon: +49 / (0) 7171 / 92 87 12
www.zwiebelgarten.de

Blumenzwiebelversand Bernd Schober
Stätzlinger Straße 94a
86165 Augsburg
Telefon: +49 / (0) 821 / 72 98 95 00
www.der-blumenzwiebelversand.de

In den Niederlanden

De Tuinen van Appeltern
Schau- und Mustergärten
Walstraat 2a
6629 AD Appeltern
Telefon: +31 / (0) 487 / 54 17 32
www.appeltern.nl

Blumenpark Keukenhof
Stationsweg 166a
2161 AM Lisse
Telefon: +31 / (0) 252 / 46 55 55
www.keukenhof.nl

Schaugärten der Kwekerij De Boschhoeve
Dineke Logtenberg
Boshoeve 3
6874 NB Wolfheze (bei Arnheim)
Telefon: +31 / (0) 26 / 482 12 31
www.dinekelogtenberg.nl

Poldertuin
Moolenvaart 2
1761 AJ Anna Paulowna

Die Bewohner von Anna Paulowna an der niederländischen Nordseeküste pflegen seit 30 Jahren den Poldertuin, eine öffentliche Blumenzwiebelsammlung in der Nähe der Tulpen- und Narzissenfelder von Flevoland, dem Hauptanbaugebiet für Blumenzwiebeln in den Niederlanden.
Geöffnet von Ende Januar bis 15. Juni von Sonnenauf- bis Sonnenuntergang.

Weitere Adressen

Schlossgärten Arcen
Kasteeltuinen Arcen
Lingsforter Weg 26
5944 BE Arcen
Telefon: +31 / (0) 77 / 473 60 10
www.kasteeltuinen.nl

Arboretum Belmonte
Generaal Foulkesweg 94
6703 DS Wageningen
www.belmontearboretum.nl

Jan Boomkamp Gardens
Modellgärten und Gartencenter
Hesselerweg 9
7623 AC Borne
Telefon: +31 / (0) 74 / 266 41 81
www.boomkamp.com

Hortus Bulborum
Sammlung historischer Zwiebelblumen
Zuidkerkenlaan 23a
1906 AC Limmen
Telefon: +31 / (0) 6 / 11 88 94 89
www.hortus-bulborum.nl

Brookergarden
Privatgarten Loek und Anne-Marie Gubbels
Brookerhofweg 16
5926 VB Hout-Blerick
Telefon: +31 / (0) 77 / 38 26 691
www.brookergarden.nl

*Tuinzondernaam –
Privatgarten Frank Thuyls*
Astensedreef 3
5757 SJ Liessel
Telefon: +31 / (0) 493 / 34 25 52
www.tuinzondernaam.nl

Bezugsquellen

Floratuin Julianadorp
Rijksweg 85
1786 PX Julianadorp
Telefon: +31 / (0) 6 / 10 69 41 49
www.floratuin.com

Fluwel's Tulpenland
Belkmerweg 65
1753 GD Sint Maartenszee
Telefon: +31 / (0) 224 / 56 25 55
www.fluwelstulpenland.com

Peter C. Nijssen
Sportpaarklaan 25-A
2103 AR Heemstede
Telefon: +31 / (0) 23 / 54 71 30 56
www.pcnijssen.nl

Van Tubergen
Leidsevaartweg 46
2106 NA Heemstede
Telefon: +31 / (0) 23 / 584 91 54
www.vantubergen.nl

Weitere Bezugsquellen

Großbritannien

The Daffodil Society
www.thedaffodilsociety.com

NIDG –Northern Ireland Daffodil Group
nidg.weebly.com/

USA

The American Daffodil Society
daffodilusa.org

Australien

The Tasmanian Daffodil Council
www.tasblooms.com/tdc/

Neuseeland

National Daffodil Society of New Zealand
daffodil.org.nz

Bitte informieren Sie sich über Anbieter *(suppliers)* und Züchter *(breeders)* besonderer und neuer Narzissen *(daffodil)* im Internet und bei den Liebhabergesellschaften der jeweiligen Länder.

Register der abgebildeten Narzissen

'Aberfoyle' 48
'Accent' 1
'Acropolis' 84
'Actaea' 124, 125, 126
'Albus Plenus Sulphureus' 54
'Apotheose' 43
'Apple Pie' 135
'Apricot Whirl' 138
'Argent' 85
'Audubon' 159
'Auirantus Plenus' 51
'Avalanche' 53, 119
'Ballade' 43
'Barrett Browning' 75
'Berlin' 6
'Big Gun' 62
'Birma' 74
'Biscayne' 59
'Blues' 65
'Butter and Eggs' 50
'Californica' 98
'Campernelli' 144
'Canaliculatus' 121
'Canasta' 136
'Cassata' 134
'Centanées' 133
'Cernuus' 144
'Chinese Coral' 59
'Clear Day' 77
'Codlings and Cream' 55
'Conspicuus' 53, 74
'Cottage Maid' 12
'Cum Laude' 138
'Delta' 31
'Dickcissel' 116
'Double Fashion' 7, 79
'Double Fortune' 79
'Dr. A. Fleming' 55
'Dubbele Kampernelle' 54
'Dutch Master' 45

'Easter Joy' 58
'Falconet' 120
'Fantasy' 11
'February Gold' 38, 94, 95
'Flower Dream' 83
'Flower Drift' 84
'Flyer' 43
'Geranium' 120
'Glenfarclass' 57
'Golden Bells' 49, 129
'Golden Ducat' 55
'Golden Spur' 58
'Grand Soleil d'Or' 49
'Hardy Lee' 6
'Hawera' 48, 107
'Holland Sensation' 14, 94
'Hoopoe' 169
'Ice Follies' 11, 45
'Ice Wings' 106
'India' 63
'Innovator' 6
'Irene Copeland' 55, 82
'ISCA' 85
'Jack Snipe' 48, 161
'Jetfire' 112, 151, 160, 161, 163
'John Evelyn' 10
'Kenellis' 130
'L'Innocence' 121
'Lapwing' 107
'Las Vegas' 48
'Laurens Koster' 55
'Lemon Heart' 106
'Leonardo da Vinci' 10
'Limbo' 66
'Little Gem' 45
'Little Princess' 111
'Martinette' 114
'Milan' 49, 125
'Minnow' 161, 162
'Mistral' 136

'Modern Art' 64
'Mount Hood' 47, 163
'Mrs. R. O. Backhouse' 95
N. jonquilla 143
N. moschatus 144
N. × odorus 144
'Parabole' 136
'Parisienne' 49, 135
'Peeping Tom' 110, 111
'Pencrebar' 6
'Perfect Lady' 63
'Pettilant' 69, 70
'Pink Pride' 97
'Piper's End' 8, 71
'Pipit' 91
'Professor Einstein' 60
'Quail' 49
'Queen of Bicolor' 7
'Queen of Narcissi' 123
'Queen of Spain' 105
'Reifrock' 131
'Replete' 43, 48
'Rip van Winkle' 78, 150
'Sabine Hay' 48
'Sailboat' 91, 117
'Saint Keverne' 94
'Saint Peter' 79
'Seagull' 75
'Segovia' 72
'Silver Chimes' 91
'Sir Winston Churchill' 80
'Stint' 107
'Sundial' 116
'Suzy' 116
'Tahiti' 82
'Taurus' Umschlagvorderseite
'Tepolo' 139
'Tête-à-Tête' 17, 49, 151, 152
'Thalia' 53, 91, 97, 101, 151, 171
'Tiny Bubbles' 141

'Topolino' 28, 58
'Trepolo' 139
'Twink' 83
'Vega' 63
'Viktoria von dem Bussche' 99
'W. P. Milner' 52, 59
'Walz' 135
'Warbler' 111
'Wave' 81
'Wheatear' 110
'White Favourite' 82
'White Lady' 71
'White Lion' 162
'Wild Carnival' 65
'Wisley' 109

Dank

Der Autor und die Fotografen bedanken sich bei allen Gartenbesitzern, Gartendesignern, Gärtnern und Gartenhelfern, durch deren Engagement und Kreativität unsere Arbeit erst ermöglicht wurde.

Vielen Dank an Roland Thomas von der DVA für seine geduldige und kompetente Begleitung und an Monika Pitterle für ihre gelungenen Layoutideen.

Ulrike Romeis, Josef Bieker und Hermann Gröne

Verlagsgruppe Random House FSC® N001967
Das für dieses Buch verwendete FSC®-zertifizierte Papier *Profisilk* liefert Sappi, Alfeld.

1. Auflage
Copyright © 2014 Deutsche Verlags-Anstalt, München, in der Verlagsgruppe Random House GmbH
Alle Rechte vorbehalten
Satz und Layout: Monika Pitterle
Gesetzt aus der Minion Pro und der Frutiger LT Std
Lithographie: Repro Ludwig, Zell am See
Druck und Bindung: Print Consult, München
Printed in the Czech Republic
ISBN 978-3-421-03911-8

www.dva.de